板橋マニア

板橋好きが案内する板橋まちガイド

Itabashi Mania
A Guide Book
By Itabashi Fanatics

監修｜板橋区

板橋マニア
板橋好きが案内する板橋まちガイド

[目次]

板橋全図 004
イントロダクション板橋 006

1 板橋の二千年を想像しよう 011

板橋まち物語 ［橋本敏行］ 012
01 ｜ 旧石器時代〜古墳時代 014 ／ 02 ｜ 古代〜中世 018
03 ｜ 近世 026 ／ 04 ｜ 近代 032 ／ 05 ｜ 戦後〜現代 038

2 地図を持って歩こう 043

板橋凸凹地形散歩
まちを歩いて板橋のルーツを探る ［皆川典久］ 044
凸凹地形から読み解く、まちの成り立ち 046 ／
板橋の歴史舞台は、ダイナミックな台地とそのヘリ 048 ／
01 ｜ 志村・前野町 050 ／ 02 ｜ 中台・若木 052 ／
03 ｜ 徳丸 054 ／ 04 ｜ 赤塚 056 ／ 05 ｜ 成増 058

発見！板橋暗渠
見えない川を探す旅 ［髙山英男・吉村生］ 060
暗渠って何？ 062 ／
今は暗渠になった板橋生まれ板橋育ちの川たち 063 ／
板橋の川・昔と今 064 ／
01 ｜ 前谷津川 066 ／ 02 ｜ 蓮根川 070 ／ 03 ｜ 出井川 074

いたばし区界探検・東西南北 ［小林政能］ 078
01 ｜ 東の区界 080 ／ 02 ｜ 南の区界 082 ／ 03 ｜ 西の区界 084 ／
04 ｜ 北の区界 086 ／ 05 ｜ 町界・石神井川をまたぐ「板橋」088 ／
06 ｜ 板橋・練馬・豊島の3区界へGO！ 090

3 暮らしに触れてみよう 093

板橋商店街の歩き方 ［荒井禎雄］ 094
板橋の商店街とは？ 096 ／ 01 ｜ 板橋駅・旧宿場地区 098 ／
02 ｜ 大山地区 102 ／ 03 ｜ 中板橋・ときわ台・上板橋地区 108 ／
04 ｜ 赤塚・成増地区 110 ／ 05 ｜ 志村地区 112 ／ 06 ｜ 高島平地区 114

板橋団地ツアー ［大山顕］ 116
01 ｜ 高島平団地 118 ／ 02 ｜ 都営西台アパート 124 ／
03 ｜ サンシティ 130

高島平ライフ ［高島平観光協会(仮)／飯塚裕介］136
　　高島平マップ 138 ／ ぐるり高島平 140 ／ 高島平の歴史 145 ／
　　「高島平人」に聞く 148 ／ 高島平ネオ空間 150 ／ 高島平マルシェ 152
　　コラム　板橋の子育て談義 154
　　コラム　クルドサック・ハンティング 160

4　板橋の味を知ろう 163

板橋グルメの世界
［荒井禎雄／刈部山本／高橋法子／塚はなこ／ロザリー］164
　　イントロダクション 166 ／ 01｜町中華 168 ／ 02｜大衆食堂 172 ／
　　03｜カレー 174 ／ 04｜本格中華 176 ／ 05｜洋食レストラン 178 ／
　　06｜ラーメン 180 ／ 07｜立ち食い蕎麦 184 ／ 08｜惣菜 185 ／
　　09｜パン 186 ／ 10｜スイーツ 188 ／ 11｜コーヒー・喫茶 190
　　特別コラム｜01　板橋発クラフトビール 194
　　特別コラム｜02　板橋の肉屋 196
　　特別コラム｜03　地域密着型飲食店 200

　志村みの早生大根　復活！江戸東京野菜 ［麻生怜菜］204

5　板橋のものづくりに触れよう 211

板橋ものづくりストーリー 212
　　01｜株式会社タニタ 214 ／ 02｜株式会社トプコン 216 ／
　　03｜リコーイメージング株式会社 218 ／ 04｜エスビー食品株式会社 220 ／
　　05｜山芳製菓株式会社 222 ／ 06｜DIC株式会社 224 ／
　　07｜凸版印刷株式会社 226

板橋のイベント｜そのときに行く板橋 228
　　板橋区民まつり／いたばし花火大会／
　　田遊び(徳丸北野神社・赤塚諏訪神社)／板橋農業まつり／
　　赤塚梅まつり／なかいたへそ祭り／成増阿波おどり大会／
　　志村銀座まつりサンバinシムラ／板橋エイサー「道じゅね～」／
　　板橋Cityマラソン／ハイライフいたばしフェスティバル／
　　いたばし産業見本市／イタリア・ボローニャ国際絵本原画展

板橋メディア座談会｜みんなで考える「板橋らしさ」240

板橋談義 01｜荒俣宏、板橋を語る！　荒俣宏×坂本健 248

板橋談義 02｜板橋の観光を考える　水戸岡鋭治×駒形克己×坂本健 256

参考文献／地図・写真クレジット 262

ITA

イントロダクション
板橋のこと、
知っていますか?

板橋のこと、何か知っていますか?
　　<u>JR板橋駅がある。</u>

これぐらいでしょうか? でも品川、新宿に匹敵する江戸の交通要衝だったのです。
　　<u>板橋は、中山道で江戸から最初の宿場町。</u>

板橋区はどうでしょう? 高島平はたぶん、誰でも聞いたことはあるはず。
　　<u>高島平団地は、敷地面積36.5ha、10,170戸の日本最大級の団地。</u>

もっとあります。
　　<u>実際に、板橋という橋がある。</u>

ちょっと意外ですが、
　　<u>板橋区は、北区より北にある。</u>

＊北端の緯度比較

BASHI

自慢がいくつかあります。
　病院の病床数、保育施設数は、板橋区が23区でナンバーワン。

　いたばし花火大会では、東京最大の大玉「尺五寸玉」と
　関東最長級・総延長700ｍの「大ナイアガラの滝」が名物。
　2002年に2002ｍの長さに成功し、ギネス記録認定。

　緑のカーテンの発祥地。窓に蔓性植物を茂らせた日よけ
　カーテンは、板橋第七小学校で最初に採用されて全国に広まった。

　東京23区で最初に区立美術館ができた。

あの企業は板橋の会社です。
　モスバーガー1号店は成増にある。

　体脂肪計のタニタ本社がある。

　ポテトチップスの山芳製菓と湖池屋がある。

練馬区と深いつながりがあります。
　板橋区から1947年に分離独立したのが練馬区。
　それまで板橋区は東京都で一番大きな区だった。

板橋にはいろいろなエピソードがあって、これは氷山の一角でしかありません。
板橋って本当はどんなところなのでしょう？

板橋区のカタチ

板橋はまちの名前であり、そして区の名前でもあります。

　大きな骨格は、東武東上線、都営三田線の2本の鉄道と、中山道、川越街道の2本の幹線道路。歴史的には、中山道の宿場町として栄えたのが板橋です。川越街道にも宿場町がありました。鉄道はJR板橋駅の他、池袋から延びている東武東上線が大正時代に開通して、歴史が古い。昭和にできたのが都営三田線。それぞれの駅に商圏が発達し、個性的なまちが数珠つなぎになっているのが板橋なのです。

　地形は、南部に武蔵野台地、北部に荒川低地が広がり、その境目は台地の崖地になっています。低地は治水技術が発達してからできた比較的新しいまちが多く、台地の縁、崖地のエリアは、豊かな水が得られて早くから拓けたまちが多いのが特徴です。

「普通のもの」が素敵な板橋

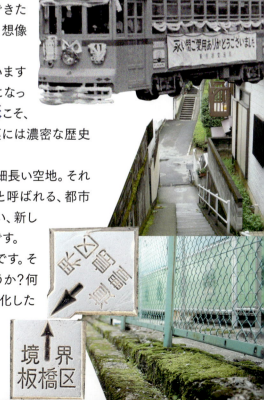

板橋区のまちは、普通に歩いていればただの住宅地や商店街ですが、視点を変えると見えてくるものがあります。それが板橋のディープでマニアックな面白さ。板橋の本当の顔を知ると、ちょっとやみつきになります。そこでこの本では、あるジャンルに長けたマニアックな案内人に、そのこだわりの眼で、独特な見方で、板橋の気になるところや好きなところを案内してもらいました。

板橋を知るにはまず歴史から。そもそも人はどこに住み始めたのか？まちはどうやってできたのか？いきなり**二千年くらい**遡って、想像を膨らませてみます。

　東京は半分武蔵野台地の上にのっていますが、板橋はその縁の部分。台地の縁は崖になっていて川あり谷あり。そんな**凸凹地形**こそ、早くから拓けた暮らしの舞台で、まちの裏には濃密な歴史が沈殿しています。

　ときどき見かけるクネクネとした緑道や細長い空地。それは昔の川の名残かもしれません。**暗渠**と呼ばれる、都市化で蓋をされた川。ただの道だけではない、新しい使い方や可能性を妄想したくなる場所です。

　板橋区の向こうは埼玉県。東京都の端です。その**区界**にはいったい何があるのでしょうか？何かと何かの境目はモノゴトが動いたり、変化したりする場所。板橋区東西南北の境目に注目です。

板橋区は**商店街**が元気。地域に根ざしたいい店を探索する価値あり。昭和の面影もまだまだ健在しています。駄菓子屋さんなど懐かしのお店を訪ねたかったら板橋区。

高島平団地を筆頭に、**団地**のイメージも強い板橋。最近団地が再評価されつつありますが、その傑作が多いのも板橋区です。

食とグルメは外せません。地元に愛された店が、安くて旨い料理を出していて、普段から通いたくなる店が多いのです。板橋区のまちを発掘してゆくと、お気に入り店に出合えます。

さらに、板橋区は都内有数の**ものづくり**地域。こだわりの技術が活かされた工場がたくさんあります。

板橋区では「普通のもの」にもご注目。暮らしまわりのもの、身のまわりにある普通のものが、面白かったり、素敵だったりするのが板橋区です。だから住んでいる人の多くが板橋に愛着を持っている。ちょっと遅れてるように見えるところが、実は最先端だったりする。そんなところに、板橋の可能性が秘められています。大げさだけれど、私たちの未来を築くヒントが隠れているまちです。

Itabashi Mania

1

板橋の二千年を想像しよう

板橋まち物語

板橋の二千年を想像しよう

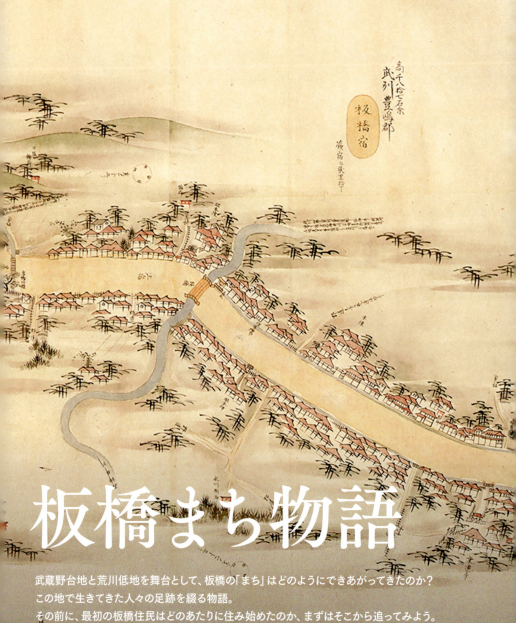

板橋まち物語

武蔵野台地と荒川低地を舞台として、板橋の「まち」はどのようにできあがってきたのか？
この地で生きてきた人々の足跡を綴る物語。
その前に、最初の板橋住民はどのあたりに住み始めたのか、まずはそこから追ってみよう。
歴史イベントを企画する、考古学専攻・文化財調査研究者である橋本敏行さんが、
板橋の歴史を紐解いてゆく。

土地の利用と合わせて見て行く板橋

板橋区の地形を3つに分けると、北部は荒川の低地、中央部は武蔵野台地と谷戸、南部は石神井川とその支流によって刻まれた谷地という区分ができる。それぞれの場所で自然環境が異なり、人々はその特性に合わせて土地を利用し暮らしてきた。長い年月をかけて「風土」や「土地柄」が出来上がり、文化や風習、まちの景観となって現れている。

この章では、偉人たちの軌跡を追うのではなく、板橋の地に暮らしてきた「板橋人」が、歴史の大きな流れの中でどのように暮らしてきたのかを、土地利用の変遷とともに見てゆこう。

［参考文献：p.262に掲載］

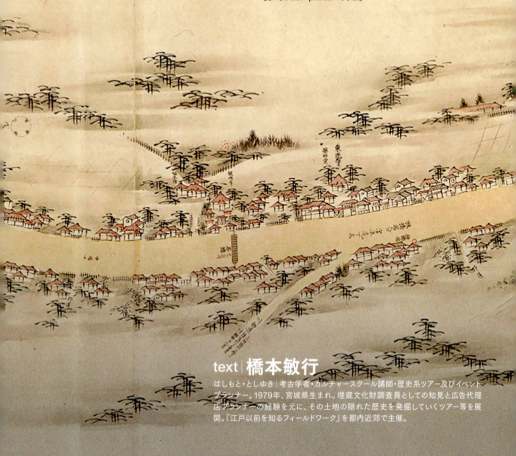

text｜橋本敏行

はしもと・としゆき｜考古学者・カルチャースクール講師・歴史系ツアー及びイベントプランナー。1979年、宮城県生まれ。埋蔵文化財調査員としての知見と広告代理店プランナーの経験を元に、その土地の隠れた歴史を発掘していくツアー等を展開。『江戸以前を知るフィールドワーク』を都内近郊で主催。

板橋まち物語

01 旧石器時代〜古墳時代

板橋に集落ができる

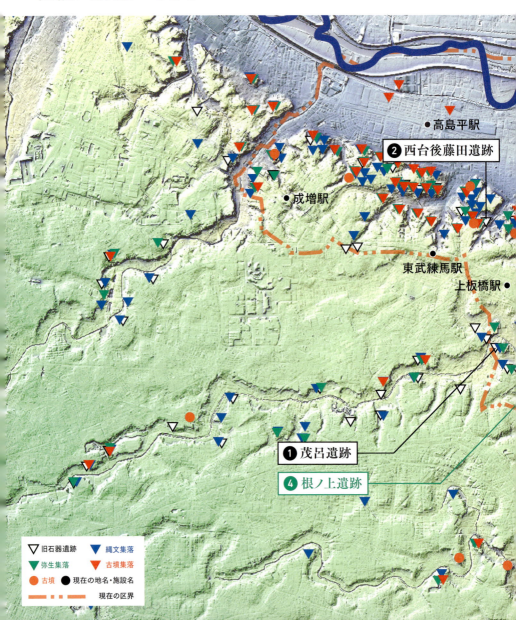

武蔵野台地の北東辺に位置し、都内でも屈指の遺跡数を誇る板橋区。遺跡は、はるか昔、最初に板橋に住みついた「ファースト板橋人」と呼ぶべき人がこの地に生き、どのように歩んできたのかを示す痕跡。そこからわかる当時の暮らしぶりとはどういったものだったのか。

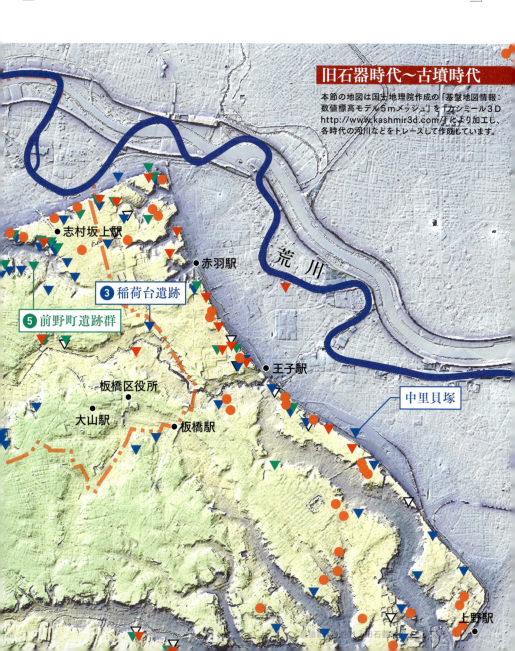

旧石器時代〜古墳時代

本節の地図は国土地理院作成の「基盤地図情報：数値標高モデル5mメッシュ」を「カシミール3D http://www.kashmir3d.com/」により加工し、各時代の河川などをトレースして作成しています。

茂呂遺跡出土石器(複製)
特に右のふたつは「茂呂型ナイフ形石器」と呼ばれるもの。

ファースト板橋人はどんなところに住んだのか？

日本列島に人類が棲みはじめたのは、現在確実に遡れるところで約3万8千年前の後期旧石器時代で、板橋区内でも約3万2千年前の石器が見つかっている。

旧石器時代は気候が寒冷な氷河期で、人々は大型の動物を狩ることで生きる糧を得ていた。そのため獲物となる動物を追いかけながらキャンプ生活をしていた。この時代の遺跡からは「礫群(れきぐん)」という遺構が見つかる。これはいわゆるバーベキュー跡とされ、焼いた丸石の上に肉や魚を植物などにくるんで置き、上から土を被せて蒸し焼きにして食べていたと考えられる。

縄文時代になり、気候が温暖になっていくと、狩猟や木の実などの採取を行いながら集落をつくり、ある程度の期間その場所で暮らし、生活資源が少なくなると移動するという生活スタイルとなった。荒川低地に面した台地縁辺では、数多くの貝塚が見つかっている。縄文時代前期(約6千年前)には、荒川低地の奥まで海が入り込んでいて、人々は舟でこぎ出し魚介類を獲っていた。北区の中里貝塚では縄文の丸木舟が出土している。

縄文時代の人々が、居住エリアに選んだ場所は谷戸奥の斜面。竪穴住居を造る際、日当たりと水はけが良いことは大前提だが、上屋がそこまで丈夫なわけではないため、何よりも強い風を除けられることが重要。また、谷戸には湧水があり、生活に必要なきれいな水が手に入りやすく、水を求めて獲物となるシカやイノシシもやってくる。集落遺跡が見つかることは、その周辺が自然環境に恵まれた、暮らしやすい場所ということを表している。

稲を手にした人々は低地に進出

弥生時代になると稲作が伝わり、低地部や谷戸などに水田を作って定住した。余剰生産物による蓄えができることで生活は比較的安定したが、富は格差を生み、それをめぐる争いが生まれた。そのため、集落の周りに壕や柵などをめぐらした、防御性の高い「環壕集落」が台地上に営まれた。板橋区内でも台地上に環壕集落跡が見つかっている。古墳時代には台地上だけでなく低地内の微高地にも集落が営まれるようになる。古墳時代後期ごろから住居内にカマドが造られるようになり、甑(こしき)を使って米を蒸して食べていた。

生きている人々の領域があれば死者の領域も存在する。区内でも台地上の

稲荷台式土器

根ノ上遺跡緑地

遺跡から、弥生時代の壺棺墓が見つかっている他、方形周溝墓や古墳が見つかっている。昭和の初め頃までは台地上に小規模な古墳が点在していたが、道路拡幅や宅地造成により墳丘が削平され、ほとんどが現存していない。

❶ 茂呂遺跡

東京の旧石器研究の原点。岩宿遺跡に次いで発見された旧石器遺跡。この遺跡から見つかった石器のうち、ナイフ形石器といわれるものに見られる製作技法は、主に東日本に分布するもので「茂呂型ナイフ」として標式遺物となっている。

❷ 西台後藤田遺跡

都営住宅の建替えに伴う調査で見つかった旧石器〜平安時代までの複合遺跡。約3万2千年前の地層から石器群が出土した。武蔵野台地の旧石器時代では最古級のもの。

❸ 稲荷台遺跡

区立加賀小学校周辺の稲荷台遺跡は、戦前に縄文早期(約8千年前)の土器が発見され、杉並区の井草遺跡や横須賀市の夏島貝塚とともに縄文最古級の土器として注目された。現在は、井草→夏島→稲荷台の順とされているが、縄文早期土器の標式遺跡の一つとなっている。

❹ 根ノ上遺跡

旧石器遺跡としても有名だが、ここでは弥生の環壕集落址として取り上げる。遺跡公園として住居跡を展示しており、隣接する小茂根図書館内では遺物展示の他、環壕の位置を色違いのカーペットで表している。

❺ 前野町遺跡群

出井川左岸の台地に形成された遺跡群。弥生時代から古墳時代への移行期にあたる「前野町式土器」の標式遺跡。この遺跡の範囲内にある常楽院には、遺跡で出土した多くの土器が収蔵されている。事前連絡の上で見学が可能。

前野町式土器

板橋まち物語

02 | 古代〜中世

豊島一族が東京北西部を開拓

中央の政治体制が整った律令時代には各地方も行政区分がなされ、板橋区域は武蔵国豊島郡に位置した。その後、武士の時代が来ると、武蔵国各地の武士団は鎌倉幕府設立の原動力となった。板橋地域を勢力圏に持っていた豊島氏は、その有力武士の一つだった。

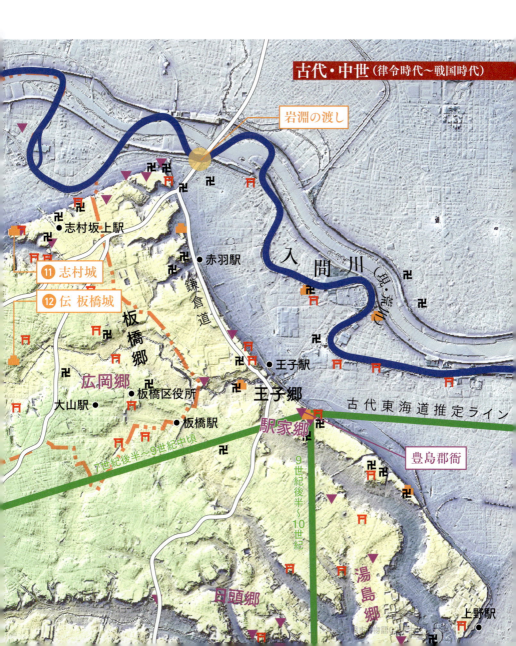

紙本著色平塚明神并別当城官寺縁起絵巻、狩野信良・画(詞書の撰文・清書は真恵)、元禄5(1692)年
場面は後三年の役の帰途、平塚城に逗留した源義家・義光が城主豊島太郎近義に守本尊十一面観音像と鎧一領を与えたところ。
[所蔵：平塚神社]

武蔵国豊島郡の成立と広岡郷

7世紀後半の律令期以降、東京・埼玉全域と神奈川の一部は武蔵国となり、板橋区の他、北区・荒川区・台東区・文京区・豊島区・新宿区・千代田区・中央区・練馬区の範囲が豊島郡となった。北区御殿前遺跡からは、郡役所にあたる「豊島郡衙」の遺構が見つかっていて、この近くを古代の東海道が通っていたとされる。豊島郡は武蔵国の中でも古くから開けた地域だった。郡内に7つの「郷(ごう)」を有し、板橋区域はそのうちの「広岡郷」に帰属していた。板橋宿の内の「平尾」は、その地名の名残だとされる。

後三年合戦絵巻 上巻、飛騨守惟久・画、南北朝 貞和3(1347)年
源義家の後三年の役で活躍を描いた絵巻。武蔵を含めた関東の武士団が多く参陣した。その中には、豊島氏の祖とされる豊島近義も従軍していた。[所蔵：東京国立博物館]

北條九代記鴻之台合戦、錦朝楼芳虎・画、嘉永5(1852)年
北条氏綱と小弓公方足利義明・里見義堯の戦い(第一次国府台合戦)の場面を描いたもの。[所蔵:船橋市西図書館郷土資料室]

東京北西部の開拓者豊島一族の興亡

律令制がゆるんでいた平安時代中期ごろに、京から地方官として下向してきた桓武平氏は関東各地に分散し、本拠地とした場所を氏として名乗った。その中で秩父郡を本拠地とした秩父氏は、荒川や入間川などの流域に勢力を広げた。その一族で荒川下流の豊島郡に土着したのが豊島氏で、石神井川を徐々に遡上してその流域を開発していった。

　豊島氏が歴史の表舞台に現れるのは、石橋山の合戦で敗れた源頼朝が房総半島に逃れて、態勢を立て直して下総国から武蔵国に入る時である。豊島氏は、幾筋もの大河が流れる東京低地において一族の葛西氏と連携して大軍勢の渡河を成功させ、その後畠山氏・河越氏・江戸氏といった武蔵の有力氏族の参陣を促した。このときの記録の中に、頼朝軍の着陣地として「板橋」の地名が登場する。板橋の地名由来は、石神井川に架けられた「板の橋」とする説や、「イタ」は崖や河岸、「ハシ」は端で、「崖の先端の土地」を表しているという説もある。

豊島氏の滅亡と関東の戦国時代

豊島氏は、南武蔵の有力氏族として豊島郡域を中心に所領を有していたが、室町時代後期になると扇谷上杉氏が南武蔵に進出し、その家宰の太田道灌(おおたどうかん)と対立した。豊島氏は道灌との江古田・沼袋の合戦で敗れた後、居城である石神井城などを攻められて滅亡した。板橋地域はその後、関東一円に覇を唱えた後北条氏の支配下となった。豊島氏宗家は滅んだが、一族の板橋氏はそのまま板橋の地に残り、江戸期には幕臣や板橋宿上宿の名主となった。

　中世においては谷戸や低地の開発がさらに進

木造太田道灌坐像、天保6(1835)年
室町時代の武将太田道灌の晩年の姿を映した像。[所蔵：静勝寺]

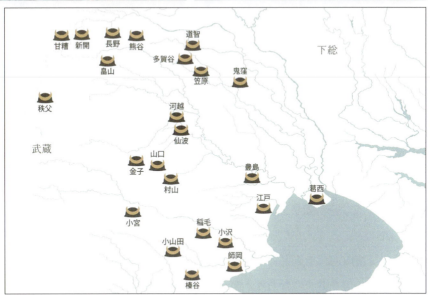

川沿いに展開した秩父平氏［出典：「北区飛鳥山博物館常設展示案内」］

み、台地上には有事の際の城郭や信仰の対象となる寺社が建立されていた。板橋区内には、比較的遺構が残存している中世城郭として赤塚城と志村城がある。豊島氏は紀伊国（現・和歌山県）と関係が深く、領地内に熊野系の神社を建立した。その最大のものが北区の王子神社である。

赤塚城

赤塚大堂

志村城

❻ 早瀬前遺跡

低湿地に形成された遺跡。区内で初めて平安時代の水田跡が見つかった。

❼ 四葉地区遺跡群

四葉二丁目・徳丸八丁目にかけての区画整理で広範囲に調査された複合遺跡群。平安時代末の金銅製観音立像が出土した。

❽ 徳丸北野神社

社伝によれば、創建は長徳元(995)年。旧正月の2月11日の夜に五穀豊穣を祈願して行われる「田遊び」は国の重要無形民俗文化財に指定されている。

❾ 赤塚大堂

創建は大同年間(806〜810年)と伝わる。かつては七堂伽藍を有する大寺院だったが、戦国時代に越後の上杉謙信が小田原の後北条氏を攻めた際に焼き打ちされ、衰退したという。現在は阿弥陀堂(大堂)と梵鐘のみが残り、近隣の松月院が管理している。

❿ 赤塚城

武蔵千葉氏の千葉自胤が拠点とした。本丸跡は都立公園、東京大仏のある乗蓮寺の場所が二の丸だったともいわれている。また、麓には堀跡とされる溜池がある。この近くを南北に横切るように鎌倉道が通っており、そのまま南下すると豊島氏の居城の一つ練馬城付近に至る。

⓫ 志村城

豊島氏の一族志村氏によって築城されたと伝わる。現在、区立志村小学校及びマンションとなっている辺り、志村熊野神社の辺りが城域と考えられる。熊野神社境内に空堀跡が残る。

⓬ 伝 板橋城

豊島氏の一族板橋氏の居城とされるが、その場所については複数の候補地がある。板橋城は「お東山」にあったといわれており、上板橋小学校を中心とした東山地区に位置していたとする説がある。

⓭ 徳丸石川遺跡D地点

徳丸五丁目付近。後北条氏が造る城郭の特徴である障子堀(もしくは畝掘)が検出されている。16世紀半ばと考えられており、記録に残っていない城郭もしくは砦だった可能性がある。

武蔵国略図(一部加筆)[出典:『みる・よむ・あるく 東京の歴史1 通史編1 先史時代〜戦国時代』吉川弘文館、2017年]

板橋まち物語

03 近世

中山道の宿場町・板橋宿

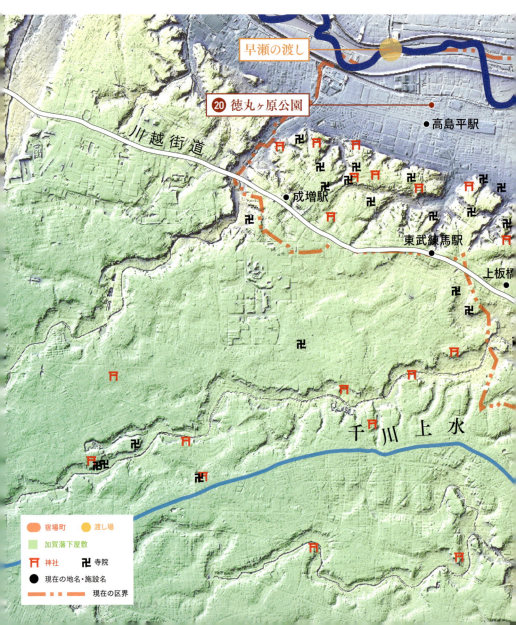

戦乱の時代が終わり、世の中が安定すると、板橋宿は中山道の宿場町として発展した。この他にも、川越街道沿いの上板橋や荒川の河岸だった舟渡、農村地帯の志村・赤塚・成増など、現在の板橋区の姿に繋がる基層がつくられていった。

様々なものが行き交う 2つの街道と水の道

徳川家康の江戸開府により江戸の街とともに五街道とその宿場が整備された。板橋は中山道の江戸に一番近い宿場として栄えた。板橋宿は京都側より上宿・中宿・平尾宿に分かれており、それぞれ板橋・飯田・豊田の各氏が名主を務め、中宿に本陣、上記の三宿それぞれに脇本陣が置かれた。街道の両側には多くの茶屋や旅籠が立ち並び、周辺の村々は助郷として物資輸送などに携わった。また、中山道は多くの大名が参勤交代で往来し、その中でも最大の藩である加賀藩前田家は、平尾宿に接して総面積21万7千坪あまりの広大な加賀藩下屋敷を構え、参勤交代の休息や着替えの場所として利用した。

　平尾宿から分岐する川越街道は、もとは太田道灌によって築城された江戸城と川越城を結ぶ道として拓かれた道とされるが、江戸期になってから中山道の脇往還としても利用され、上板橋に宿場が置かれた。

　川越からの物流は、陸路のみならず舟運も盛んだった。荒川の河岸場だった舟渡地区は、戸田の渡しで中山道と合流する場所でもあり、現在の朝霞水門の辺りから新河岸川に入り川越に至る船が昼夜を問わず行き交った。

江戸の人々のくらしを 支えた近郊の農村

宿場以外の地域には、江戸の町に暮らす人々の生活を支える近郊農業地域として田畑が広がっていた。赤塚や成増、志村や前野、上板橋などでは大根・人参などの野菜類や麦・陸稲・稗などの穀物類が、荒川に面した低地では水田稲作が盛んに行われた。また、荒川沿岸は馬などの飼料となる草を刈る「まぐさ場」となっていた。

　板橋区域は江戸近郷の鷹場として戸田筋の鷹場組合に組み込まれ、鷹場を管理する鳥見役人の支配を受けた。鷹場となっていた地域は、住民たちは獲物を追いたてる勢子として駆り出されたり、鷹のえさとなる虫や小動物を獲って上納したりしていた。鷹狩りや鹿狩りは、遊興だけではなく軍事訓練という側面もあった。その中でも志村は、荒川を渡って江戸御府内に入る手前の台地上と言う地勢的要因から、江戸御府内北辺を防備するという役割もあった。

徳川十三代将軍御鷹野之図、東洲勝月・画、明治22(1889)年／近世初頭から、板橋には将軍が鷹狩りや鹿狩りに訪れていた。
[所蔵：板橋区立郷土資料館]

木曾街道 板橋之驛、渓斎英泉・画、天保年間（1830-44年）／板橋之驛とは板橋宿のことであり、江戸から中山道に設けられた69カ所の宿場の1番目が板橋宿であった。[所蔵：板橋区立郷土資料館]

下屋敷御林大綱之絵図、文政7（1824）年／加賀藩下屋敷の敷地全域の鳥瞰図 [所蔵：金沢市立玉川図書館近世史料館]

上板橋宿復元図、三宿復元会、昭和56（1981）年／上板橋宿は江戸から3宿（下宿、中宿、上宿）に区分されていた川越街道の第1番目の宿場であった。中山道板橋宿よりも宿場の規模は極めて小さかった。これは、昭和初期の上板橋の状況を復元した地図である。
[出典：『上板橋宿』]

木曾街道蕨之驛 戸田川渡場、渓斎英泉・画、天保年間（1830-44年）／白鷺の飛び交う戸田川（現・荒川）の渡し場から、蕨へ向かう人々ののどかな風景。

板橋の人々が見た「江戸時代」の終焉

江戸時代後期に海外の艦船が日本近海で多く目撃されるようになってくると、海防の必要性や軍備の近代化が叫ばれた。そのような情勢から、西洋兵学への転換の必要性を感じた諸藩は西洋砲術家の高島秋帆に接触し、軍事力の刷新を図った。天保12（1841）年徳丸ヶ原で行われた秋帆による西洋砲術の調練には、多くの幕臣や大名が見学に訪れた。

その後、幕府や諸大名は新式の大砲や火薬の製造に着手する。江戸近郷の農家などが所持する水車小屋でも、幕命により火薬製造が開始された。しかし、元々火薬製造用の設備ではないため、操業後に次々と爆発事故が起こった。板橋宿原でも水車小屋の爆発事故が起き、近隣の加賀藩下屋敷にまで被害が及んでいる。黒色火薬を安定的に生産するには、その生産設備も海外から導入する必要があった。

日米修好通商条約の締結以降、朝廷と幕府の関係は徐々に悪化していた。その現状を打開すべく、公武合体の象徴として孝明天皇の妹である皇女和宮と14代将軍徳川家茂の婚礼が執り行われることとなり、和宮は京都より中山道を通って江戸へ下向してきた。板橋宿に入るにあたり、上宿にある「縁切榎」の名前が不吉ということで、わざわざ迂回路を設けてその前を通るのを避けた。

幕末には、江戸へ向けて中山道を進んできた新政府軍が板橋宿に着陣し、そのまましばらく駐屯した。その間、流山で拘束された新撰組局長近藤勇が板橋宿に連行され、その後、平尾宿のはずれで処刑されるなど、板橋の人々は江戸時代の終焉を目の当たりにしてきた。

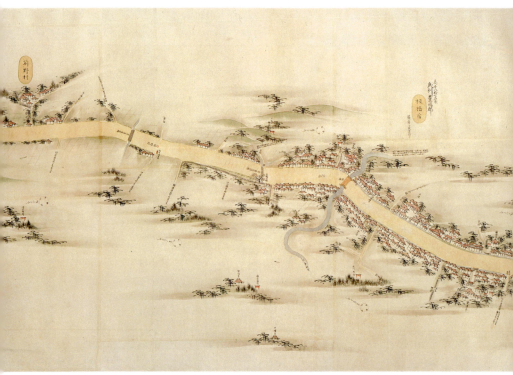

五海道其外延絵図 中山道分間延絵図 第一巻（瀧野川村・板橋宿・前野村 部分）、文化3（1806）年
[所蔵：東京国立博物館]

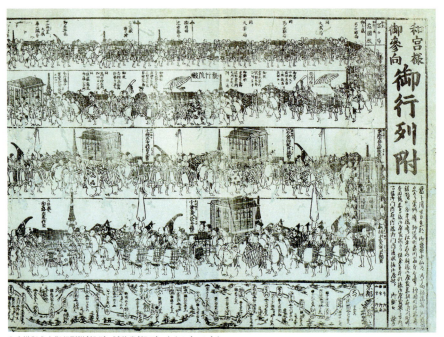

和宮様御参向御行列附（部分）、誠養堂（版元）、文久元（1861）年
徳川家茂に嫁いだ和宮の降嫁行列における随行者、役人の一覧や行列絵図をまとめた刷物。[所蔵：郵政博物館]

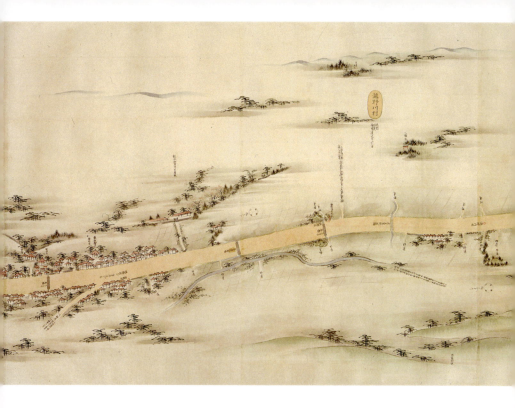

⑭ 薬師の泉庭園

かつてこの地にあった大善寺の境内で、徳川吉宗が鷹狩りで立ち寄った際に、境内から湧き出す清水を誉めて、寺の本尊である薬師如来を「清水薬師」と命名したという伝承がある。昭和初期に総泉寺が移転し大善寺を合併してから亀山荘庭園となった。平成元年に区によって再整備された。

⑮ 志村一里塚

中山道沿いに築かれた一里塚。明治時代に入って交通網の拡充に伴い各地の一里塚は取り壊されていったが、この一里塚は残され、大正時代に国指定史跡となった。

⑯ 縁切榎

旗本近藤登之助(こんどうのぼりのすけ)の抱屋敷の垣根に生えていた榎と槻(けやき)の古木があり、いつしか榎のみが残り、悪縁を断ち良縁を結ぶと信じられるようになった。位置は向かい側に移動したが、今でも祈願絵馬が数多く奉納されている。

⑰ 文殊院

江戸時代初期に創建された板橋宿本陣飯田新左衛門家の菩提寺。板橋宿で働いていた遊女の墓などもある。

⑱ 東光寺

豊臣政権五大老の一人で、関ヶ原の合戦後に八丈島に流罪にされた宇喜多秀家の供養塔がある。秀家の妻が前田利家の娘だった縁から、明治政府の恩赦で島を出た秀家の子孫に、前田家より旧加賀藩下屋敷内の土地2万坪が提供され、この寺を菩提寺とした。宇喜多氏の子孫が開墾した地区は「浮田」や「八丈」と呼ばれていた。

⑲ 近藤勇と新撰組隊士供養塔

JR板橋駅東口前にある寿徳寺の境外墓地。近藤勇が処刑された付近に、新撰組二番隊組長だった永倉新八と、永倉と親交のあった医師松本良順らが建立した。

⑳ 徳丸ヶ原公園

天保12(1841)年荒川の広大な氾濫原で高島秋帆によって日本最初の西洋式砲術調練が行われた。「高島平」の名はこの調練を指揮した高島秋帆から採られている。

板橋まち物語

04 | 近代

工場と鉄道整備がもたらした「ものづくり板橋」

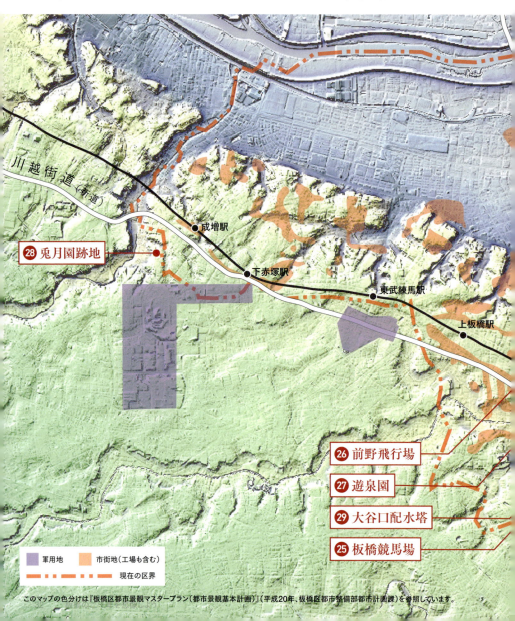

明治維新を迎え、日本は近代工業の振興と軍備の増強、いわゆる富国強兵策を推し進めた。板橋の地には日本の近代化をリードしていく火薬製造所が造られた。交通のインフラも次第に整備されていき、板橋は時代の転換とともに、そのまちのあり方も変化していった。

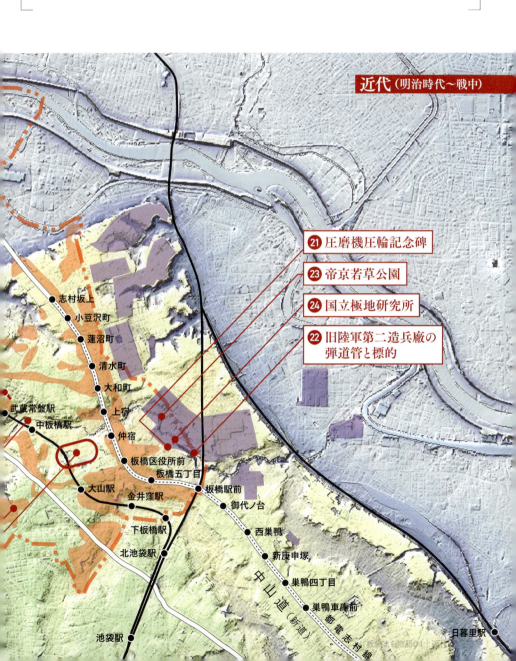

近代（明治時代〜戦中）

21 圧磨機圧輪記念碑
23 帝京若草公園
24 国立極地研究所
22 旧陸軍第二造兵廠の弾道管と標的

軍事工場とインフラ整備

明治維新後、明治9(1876)年に旧加賀藩下屋敷跡に、日本初の官営黒色火薬製造所である東京砲兵本廠板橋属廠火薬製造所が設立された。その後、さらに整備拡充されて昭和15(1940)年東京第二陸軍造兵廠板橋製造所(通称：二造)となり、最盛期は7,000人以上が働いていた。

明治16(1883)年に上野〜高崎間に、明治18(1885)年に品川〜赤羽間に鉄道が開通し、流通の主役が街道から鉄道に移ると、板橋宿は宿泊の需要が減ったことにより、徐々に宿場としての機能が衰退していった。宿場としては衰えても遊興空間は残り、飯盛旅籠は妓楼や貸座敷となった。板橋宿以外の宿場町でもこのような傾向が見られる。大正4(1915)年には川越街道に沿うように東上鉄道(後の東武東上線)が開通し、上板橋や赤塚、成増などが宅地化していく要因となった。

上｜板橋火薬製造所
下｜圧磨機圧輪記念碑

旧・理化学研究所板橋分所

大正12(1923)年の関東大震災後、新たな道路と郊外の整備が進み、中山道・川越街道ともに拡幅された新道が造られ、中山道の新道である当時の国道9号(現:17号)には路面電車が延伸された。荒川や石神井川などから工業用水が得やすく広大な土地が残されていた城北地域には、工場や研究所が造られていった。また、工場増加に伴い水道インフラ整備も行われ、多摩川から導水した荒玉水道の配水塔が大谷口に建設された。

志村地区は帝都復興計画で新たに工場用地として認定され、都心近くにあった工場が次々と移転してきた。その後、日本が戦時体制下に移行する昭和10年代にかけて中小の工場がさらに増えて行った、これらの工場は、軍需産業の拡充の中で技術力が高まり、戦後の工業発展に大きな影響を与えた。

近郊農村から住宅地への変貌

大正から昭和初期にかけての時代は東京圏が膨張する形で発展を続け、それに伴い人口も増加した。こうした流れもあり、この時には郊外に新たな住宅地が開設されていくようになる。代表的な例としては文京区の西片町や音羽、世田谷区の桜新町・深沢、大田区の山王・田園調布などがそれにあたる。板橋区においても、東武鉄道によって常盤台住宅が造成された。もともと西新井と上板橋を繋ぐ東武西板線の車両基

左上│二造煉瓦積みの橋台／石神井川の金沢橋上流付近
右上│陸軍第二造兵廠(二造)／現在の東京家政大学付近
右下│帝京若草公園水路跡

地用地として確保されていた土地だが、その計画が頓挫して住宅地造成に切り替えられた。住宅地の特色として、地域を一周するプロムナードや、クルドサックと呼ばれるサークル状の袋小路を配置したもので、日本では先駆的な事例となった。

この時期の東京近郊では、宅地造成に合わせて遊園施設が数多く造られた。豊島園やあらかわ遊園、多摩川園などが代表的な例。板橋区内にも、中板橋にあった遊泉園や成増駅から南に下った場所に兎月園があった。この他にも都内にはたくさんの遊園施設があったが、そのほとんどは戦時体制下の接収や金属供出などで閉園した(戦後いくつかの遊園地は営業再開した)。

新藤楼／板橋遊郭の妓楼

北豊島郡から「大板橋区」の成立

明治時代になり、板橋区域は大宮県、浦和県を経て、明治4(1871)年に東京府所管の豊島郡に組み込まれた。その後、明治11(1878)年に、現在の荒川区・板橋区・北区・豊島区・練馬区を範囲とする北豊島郡が成立し、板橋町に郡役所が置かれた。昭和7(1932)年に東京市域の拡大とともに、北豊島郡から板橋町・上板橋村・志村・赤塚村と現在の練馬区を含んだ区域を合併して板橋区となった。戦後の昭和22(1947)年に練馬区を分離するまで東京市35区中最大の大きさだった。

左｜前野飛行場
右｜大谷口配水塔
下｜遊泉園

兎月園

21 圧磨機圧輪記念碑

幕臣の澤太郎左衛門がベルギーで購入した黒色火薬製造機の一つで、硫黄・木炭・硝石などを磨り潰し混ぜるために用いるもの。苦労の末に手に入れて日本に帰国し、製造に着手するという段で幕府は崩壊危機に瀕しており、ほどなく明治政府に接収されて、後に板橋火薬製造所内で使用された。

22 旧陸軍第二造兵廠の弾道管と標的の射垜

公益財団法人野口研究所旧敷地の東側には、製造した火薬の性能を見るための弾道管が残されている。その標的はかつての加賀藩下屋敷庭園内の築山に現存する煉瓦コンクリート構造の射垜。現在、加賀公園・旧野口研究所東側と対岸の理化学研究所板橋分所の敷地が国指定史跡となり、史跡公園として整備が進められている。

23 帝京若草公園

圧磨機などを稼働させるための動力として、石神井川から水を引き込んでいた水路跡が残っている。

24 国立極地研究所

かつて国立極地研究所が置かれた場所で、石神井川沿いの公園内に研究所より寄贈された「南極の石」が置いてあり、実際に触ることができる。平成21(2009)年に立川市に移転した。

25 板橋競馬場

明治41～43(1908～1910)年まで現在の板橋区栄町を中心に東は氷川町、西は仲町のあたりにかけて板橋競馬場があった。東京近郊の4つの競馬場(池上、川崎、目黒、板橋)の運営組織が合同して東京競馬倶楽部が発足し、目黒に1本化されて廃止となった。板橋競馬場で実際に競馬が行われたのは最初の1年間に3回だけだった。

26 前野飛行場

遠藤飛行場とも言われる。常盤台住宅が造成される前に、陸軍の退役軍人遠藤辰五郎が、複翼機2機で東京市内や荒川方面への遊覧飛行を実施していた。2年ほど営業したが、昭和8(1933)年には廃業した。

27 遊泉園

昭和2(1927)年ごろに石神井川の水を引き込んで造られたプールで、夏場は非常に多くの人で賑わった。最寄りに設置された夏期臨時駅が東上線中板橋駅の前身となった。

28 兎月園

成増駅の南西、川越街道を越えた練馬区旭町にあった。大正10(1921)年に開園した富裕層向け会員制の成増農園がその前身。料亭や茶屋の他、ボート池・テニスコート・小動物園・運動場・映画館・入浴施設などが整備されていた。長屋門は赤坂氷川町にあった勝海舟邸のもので、閉園後に練馬区の三宝寺に移築された。

29 大谷口配水塔

昭和6(1931)年に完成した高さ33mの配水塔。自然流化で配水するため高台の上に建設され、長らく地域のランドマークとなっていた。平成17(2005)年に老朽化のため取り壊されたが、再整備されたポンプ棟にそのデザインが踏襲されている。

板橋まち物語

05 戦後～現代

経済発展とともに変貌していくまちなみ

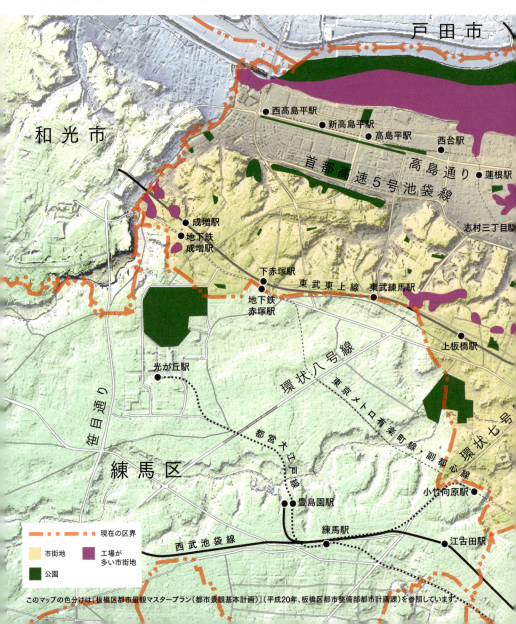

戦後の焼け跡の中から復興し、またたく間に経済発展を遂げた日本。板橋もその流れとともに工業の発展と人口増加に伴う宅地化が進み、まちの姿がどんどん変貌していった。

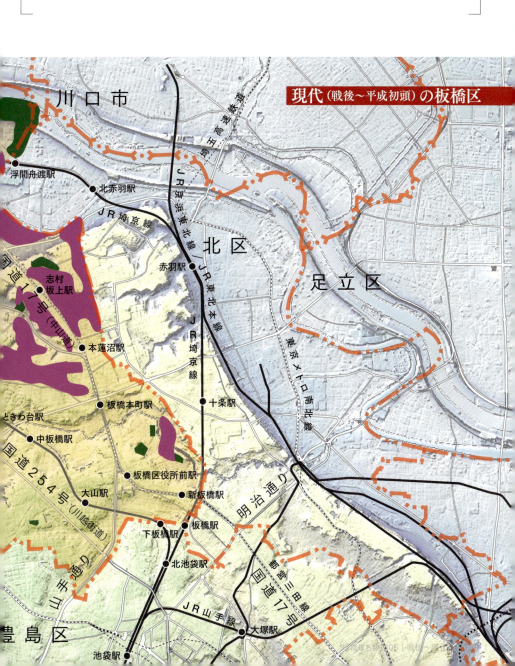

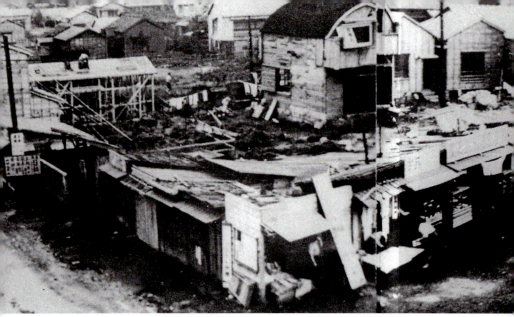

昭和22(1947)年頃の板橋駅前の闇市［所蔵：八千代銀行板橋支店］

戦後復興から高度経済成長期

第二次世界大戦によって東京は焦土となり、軍需工場の多かった志村や、都心に近く宅地が広がっていた板橋・上板橋が空襲により大きな被害を受けた。終戦直後の東武東上線は、埼玉へサツマイモなどを買い出しに行く人々が車両からはみ出んばかりに乗っていたため「イモ電」と呼ばれていた。散々苦労して手に入れた食糧も、県境の戸田橋や白子橋に検問所があり、そこで取り上げられることが少なくなかった。区役所の焼け跡や板橋・大山・中板橋などの駅前周辺に闇市がつくられ、その日を生きる糧を手に入れようと、わずかに残った思い出の品を売る姿がそこかしこに見られた。

その後、戦後復興期から高度経済成長の時代がやってくると、近代から引き続き高い技術を持った板橋の工業は著しく伸び、戦中の軍需産業を基盤として発展した化学・鉄鋼・非鉄金属・精密機器が中心となり、特にカメラや映写機、双眼鏡といった光学機器の製造が花形となった。それらの板橋区内で作られた機器が、復興・発展していく街の姿や、昭和39(1964)年の東京オリンピックの様子を記録していった。

都市インフラにおいては、人口の膨張やモータリゼーション化に対応することが必要とされた。首都高速道路や環状7号線といった新たな幹線道路が急ピッチで建設され、昭和41(1966)年には、国道17号を通っていた路面電車の軌道が地下鉄建設により撤去され、道路がさらに拡幅された。一方で、自動車の増大によって騒音や大気汚染が深刻化し、また、下水道の整備が追い付かず、農地や支谷を流れる小川には生活排水や工業排水が流れ込んで水質が悪化して、社会問題となった。

買い出し列車「イモ電」［所蔵：毎日新聞社東京本社］

上｜戸田橋を渡る聖火
中｜昭和36(1961)年の板橋清掃工場と新河岸川
下｜昭和47(1972)年頃の首都高の橋脚が建ち並ぶ高島平付近
　［所蔵：UR都市機構］

住環境の整備と価値観の多様化

昭和30年代から40年代にかけては「マンモス団地」と呼ばれる郊外のベッドタウン造成が盛んに行われた。東京のひばりヶ丘団地や多摩ニュータウン、埼玉の松原団地、千葉の常盤平団地などがそれにあたる。それまで東京一の水田地帯だった徳丸原に造成されたのが高島平団地だった。

昭和50年代から経済も安定成長期に入り、それまで経済発展の代償として目を背けていた住環境にも意識が行くようになった。大気汚染や水質汚濁といった公害対策もさることながら、車両優先だった道路に歩道やガードレールなどの歩行者の安全対策が採られた。平成年代に入ると、河川環境の改善、公園・緑地の整備など住環境インフラの整備が進められていくようになった。また、「生活の質の向上」や「新旧住民の交流」という幅広いニーズに応えて、教育や文化施設の充実も図られた。

板橋区内の各地区はそれぞれに特徴的な来歴を持ち、育まれてきた土地柄がある。人々やまちの姿は移り変わっていくが、それぞれの地域の人々が長い年月をかけて醸成してきた土地柄というものはそう簡単に失われることはない。

　板橋の土地柄は、多くの人や物が交錯し、外から来た様々なものを受け入れてきた宿場の要素と、昔からの文化は保持しつつ、その時節に合わせて所有する土地の運用方法を変えてきた近郊農村の要素の、両方を適度に併せ持つことで生みだされ、育まれてきたと言えよう。

上｜都電志村線（1929〜1966年）
下｜都電志村線が通っていた国道17号線。現在上には首都高速が通り、地下には都営三田線が通っている。

緑道となった前谷津川の暗渠。高島平。

Itabashi
Mania

2

地図を持って歩こう

板橋
凸凹地形散歩
―
発見!
板橋暗渠
―
いたばし区界探検・
東西南北

地図を持って歩こう

板橋
凸凹地形散歩
まちを歩いて板橋のルーツを探る

アスファルトに覆われ、建物で埋め尽くされて均一に広がる東京。
でも本当は、台地に川が刻んだ谷あり窪地あり。
崖も河川の氾濫原もある、悠久の大地に載ったまちなのだ。
特に板橋は、武蔵野台地の縁が舞台。台地と崖と、
荒川がつくった低地といったダイナミックな地形にできたまちだ。
地図を持って歩いてみよう。凸凹の地形を上り下りするうち、谷間や崖、窪地が見えてくる。
元の地形が見えたとき、板橋の歴史とルーツが浮かび上がる。
今回は、各地の凸凹地形、スリバチ状の谷間や窪地を探し求めて歩く「東京スリバチ学会」の
皆川典久会長が、板橋の歴史が始まった舞台、起伏の激しい武蔵野台地縁エリアを案内する。

text and photo｜皆川典久

みながわ・のりひさ｜東京スリバチ学会会長。1963年、群馬県生まれ。2003年に東京スリバチ学会を設立。以来、全国各地でフィールドワークと記録を続けている。合言葉は「下を向いて歩こう」。著書に『凸凹を楽しむ東京「スリバチ」地形散歩』シリーズ（洋泉社）、『東京スリバチ地形入門』（共著、イースト・プレス）など。

凸凹地形から読み解く、まちの成り立ち

板橋区立赤塚植物園横にある
小さな谷がつくる魅惑的な景観

凸凹地形に寄り添う生活空間

　地形マニアの間では、板橋区はその地形を見るために、遙々出かけたくなる憧れの土地だ。うねるような台地、台地に刻まれた複数の谷、丘と谷が奏でる凸凹地形が育んだ歴史、斜面を際立たせる変化に富んだ坂道や階段、崖上からの息をのむような絶景、そして複雑な地形に寄り添うよう営まれている人々の暮らしなど、どれもみな、知れば知るほど愛おしくなるものばかりだ。

　東京の都心部は、武蔵野台地と呼ばれる洪積台地と沖積低地（海岸平野）にまたがって広がり、両者は10〜20m程度の高低差で隔てられている。皇居よりも西側がおおむね武蔵野台地。台地は通称「山の手」と呼ばれ、低地はそれに対し「川の手」とか「下町」などと呼ばれている。

　着目したいのは山の手台地に刻まれたスリバチ状の谷間や窪地である。思い出してほしい。都心部には渋谷、四谷、市ヶ谷、千駄ヶ谷、谷中、茗荷谷など「谷」のつく地名が数多く点在していることを。それらの町はまさに谷間に立地している。そして池袋、下北沢、池尻、溜池など、水にまつわる地名が多いのも谷の多さを物語っている。さらには、荻窪、大久保（古くは大窪だったと言われる）や、古い字名の「窪町」なども窪んだ地形に由来するものだ。山の手には坂が多いということは知られているが、台地を縁取る複雑な崖線や、台地と絡まり合う谷間や窪地が多いためだ。起伏豊かな凸凹地形は山の手特有のものであり、谷間や窪地は東京の地形を理解する上でのキーワードのひとつに違いない。

　そして地形の高低差や凸凹が、その土地ならではの歴史や文化を育んできた。谷間や窪地では古くから水田が開かれ、崖際には集落が立地した。水に乏しい台地の上では大きな集落の存続は難しく、永続的に存続し得たのは水道が引かれた江戸時代以降である。そして土地固有の産業や文化も立地条件や地形的特異性が色濃く反映されていたりする。まさに地形を知ることが町や都市を知る大きな手がかりとなる。

板橋凸凹地形散歩

赤塚川谷頭

板橋の歴史舞台は、ダイナミックな台地とそのヘリ

さて、板橋区の地形だが、おおよそ北半分が荒川の沖積低地（氾濫原）にあり、南半分が海抜30m前後の武蔵野台地の段丘面にある。それらの海抜の差は20m程度。台地と低地の境は急な坂になっていて、それは崖であった証拠だ。都営三田線に乗ると、志村坂上駅と志村三丁目駅の間で、車窓の風景が突然地下から地上に切り替わるが、それは台地の地中から崖を突き抜けて地上へ出たからだ。ここは武蔵野台地のヘリである。地中から出てくるのは地下鉄だけじゃない。水も湧いてくる。台地のヘリは早くから集落ができたところ。下の地図をご覧いただきたい。荒川低地に向かうように、台地には複数の谷が刻まれている様子が分かる。谷は上流部で鹿の角のように枝分かれし、谷の先端部（谷頭）では、まさにスリバチ状の谷間や窪地がいくつも存在している。ここもまた人が早くから住んだ場所だ。地形ごとに、板橋の歴史がある。

　板橋地形の全体像を把握しておこう。武蔵野台地北端を刻んで流れるのは、東から順に出井川、蓮根川、前谷津川、白子川といった都市河川だ。白子川の流路が埼玉県和光市との都県境になっている。台地の上を西から東へと流れているのが石神井川と谷端川で、谷端川の流路が豊島区との区境だ。低地には都県境を成す荒川と新河岸川が流れている。

　荒川沖積低地にある高島平は高度成長期に開発された大規模団地や工場からなるが、以前は湿地に開かれた実り豊かな一大水田地帯であった。江戸時代に遡ると、徳丸ヶ原と呼ばれた将軍の鷹狩の地で、幕末には砲術家・高島秋帆が洋式火法の訓練を行っていた。高島平の名はそれに由来している。

　台地面の歴史も負けてはいない。岩宿遺跡（群馬県）に次いで発掘された旧石器時代の集落・茂呂遺跡（小茂根5丁目）は台地を流れる石神井川の近くに立地する。その時代、先に紹介した台地面の谷沿いに、水や食料を求めて人や動物が集まったのであろう。旧石器人や縄文人は武蔵野台地の川べりを好んで住んでいたことが遺跡の発掘からも分かっている。弥生時代になってからは台地を刻む小河川の周りに水田が築かれ、農業経営を支え、この地域の経済基盤となって長い歴史を育んだ。かつてこの地を治めた豊島氏は、石神井川沿いを拠点とし、戦国時代には小河川を水濠に見立てた城郭もいくつか築かれた。

　そんな板橋地形の中でも最もダイナミックな、崖線を含んだ武蔵野台地のヘリの部分、凸凹地形エリアを歩いてみる。

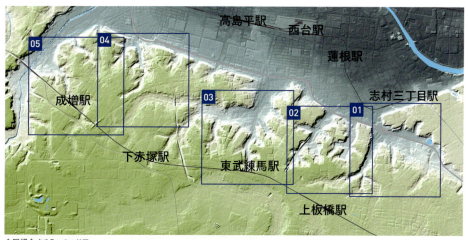

今回紹介する5つのエリア

板橋凸凹地形散歩

01 志村・前野町

平坦な赤羽台地の西の縁を流れる出井川。その出井川より西側は、台地から発する小河川が刻んだ凸凹地形の宝庫である。出井川は出井の泉(清水児童遊園の一角)から発し、荒川と逆行するよう東から西へ流れるため「さかさ川」とも呼ばれた。途中で流れを屈曲させ、半島状の台地を削り残しているが、その土地に築かれたのが志村城だ。1456年に千葉信胤が本城である赤塚城の前衛拠点として築いたとされる城だ。

❶ 見次公園の池

見次公園にはスリバチ状の窪地から湧き出た水を溜める池があり、住民にとって憩いの場となっている。園内の崖下では今でも湧水が見られ、池を流れ出た水は出井川の水源のひとつだった。

❷ 志村第三公園の窪地

古刹・延命寺の裏には比高10m程度のスリバチ状の窪地があり、その先端部が公園となっているため地形を把握できる。急な崖をよじ登る遊具も備えられ、崖線がアトラクションに利用されているところが秀逸だ。

❸ 志村城址

高層マンションの立つ崖上は、かつて志村城が築かれた場所。周囲を崖で囲まれた要害の地で、現在は志村熊野神社が城の二の郭に建立されている。歴史は忘れられようとも地形は覚えているのだ。

❹ 志村城の土塁

志村城の本郭と二の郭の間には、空堀と土塁が築かれていた。現在でも土地の凸凹が遺構として残り、中世の城を偲ぶことができる。写真は土塁を切通の道が設けられていることで、断面形状から土塁の規模を知ることができる。

❺ 前野公園の谷

出井川は上流部でいくつかの支流に枝分かれをする。その一つが古くは字兎谷（あざめんたに）と呼ばれたスリバチ状の土地だ。写真の前野公園（前野小学校裏）が谷頭にあたり、かつてはこの地から流れ出た川が出井川に注いでいた。

❻ 夕陽をのぞむ谷

日暮台公園と名づけられた西向き斜面の公園から、前野川の谷と対岸の丘を望む。寒風吹きすさぶ季節の方が、冬枯れの木立の隙間からスリバチ状の谷間が見え隠れし、その美しさに我をも忘れる。

板橋凸凹地形散歩

02 ｜ 中台・若木

環状八号線は蓮根川が流れた谷間を利用し、荒川低地と武蔵野台地を結ぶように建設された。蓮根川は若木2丁目付近の湧水を水源とし、新河岸川に注ぐ延長3km程度の小河川だ。上流部にはスリバチ状の窪地が複数あり、かつては湧水が蓮根川に注いでいたものと思われる。蓮根川の谷は急峻な崖で囲まれている場所が多く、絶景スポットが多いのも特徴だ。都市開発が進んだエリアであるが、凸凹地形によって育まれた立体感溢れた都市景観を堪能したい。

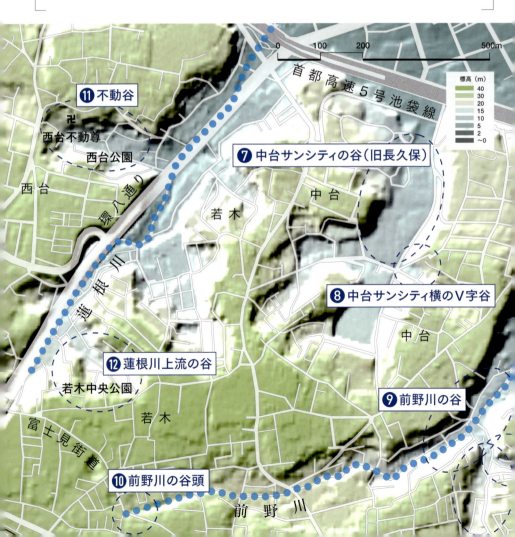

❼ 中台サンシティ（旧長久保）

複数の高層マンションから成るサンシティは旭化成研究所跡地を再開発したもの。字名では長久保と呼ばれた細長い窪地でもある。マンションは窪地を囲むよう配置され、谷底は水の流れる公園として整備されている。

❽ 中台サンシティ横のV字谷

長久保から枝分かれしている謎のスリバチ地形がある。写真にあるよう100m程度の距離で急な階段が向かい合い、隠里のような町が谷に抱かれている。谷底にはささやかながらも川跡が残り、たとえ小さくても一人前の谷であることを物語る。

❾ 前野川の谷

前野川の上流部、崖上の公園から眺めた前野川のスリバチビュー。谷を低層住宅が埋め尽くし、丘の上では学校（体育館）や高層マンションが聳え立ち、対比的な都市景観が印象的である。こうした絶景スポットに佇むとき、「スリバチの空は広い」と呟きたくなる。

❿ 前野川の谷頭

前野川は全域が暗渠化されてはいるが、流路は歩いて遡ることができるためにファンも多い。写真は前野川の上流端で階段の上を富士見街道が走る。逆に街道からの視点では、スリバチのはじまりは唐突であり異世界への入口でもある。

⓫ 不動谷

蓮根川の一支流で不動谷と呼ばれた谷筋は公園として整備され、水の流れも復元された。谷の名は、谷頭に西台不動尊に由来するもの。写真は不動谷に付随するスリバチ状の窪地で、高低差を体感できる滑り台が設けられている。

⓬ 蓮根川上流の谷

蓮根川の上流部、斜面の中腹に設けられた若木中央公園からは、起伏豊かなこの地ならではの絶景を楽しむことができる。台地の頂には城壁の如く集合住宅が並び、地形の高低差を強調するかのようだ（この現象をスリバチの法則と呼ぶ）。

板橋凸凹地形散歩

03 徳丸

前谷津川が刻んだ雄大な谷間と、その支流たちが造り出した局地的な凸凹地形の双方が楽しめる地形マニアにとってはまさに憧れの地だ。坂道や階段などが住宅地と複雑に絡まり合い、立体感と意外性のある町なみがどこまでも続いている。凸凹地形が奏でる町なみを楽しむには絶好の土地なのだ。台地の上には中尾不動尊や徳丸北野神社が祀られ、起伏豊かな土地には古くから人が住み着いていた痕跡も残されている。

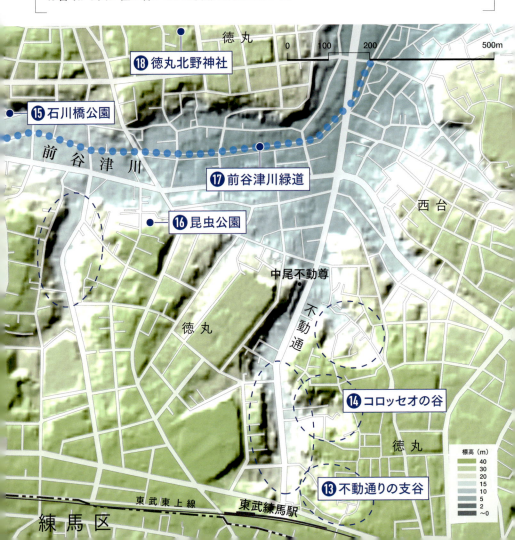

⓭ 不動通りの支谷

東武練馬駅の北側を起点とする谷筋(不動通りがほぼ谷底)には、枝分かれする支谷が複数点在している。写真はそのうちのひとつで、坂を下りると谷に抱かれるように静かな住宅地が待っている。

⓮ コロッセオの谷

不動通りの谷に付随するスリバチ状の窪地で、その規模からも地形の全体像を把握できる。谷底へ下りる階段が谷間を取り囲み、まるで円筒競技場(コロッセオ)のような奇跡の佇まいを見せる。

⓯ 石川橋公園

写真は階段上から石川橋公園を望むスリバチビューで、対岸の住宅地が見渡せるので徳丸谷の規模が理解できよう。公園の名は、この地で前谷津川に架かっていた石川橋に由来している。この地で前谷津川に架かっていた石川橋に由来している。

⓰ 昆虫公園

前谷津川北斜面に造られた昆虫公園横の階段からのスリバチビュー。谷は徳丸谷とも呼ばれ、遠くに北野神社が祀られた丘を望む。この高低差と圧倒的なビューには言葉を失うことだろう。

⓱ 前谷津川緑道

前谷津川の上流部は暗渠化され前谷津川緑道となっている。前谷津川は赤塚新町2丁目の湧水を水源とし、いくつもの支流を集めて高島平を流れ、新河岸川へと注ぐ延長4.8kmほどの河川である。

⓲ 徳丸北野神社

前谷津川が削った徳丸谷の左岸の丘に祀られているのが徳丸北野神社。創建年代は不明だが、江戸期は徳丸本村の鎮守だった。国重要無形民俗文化財の「田遊び」は徳丸北野神社の神事が起源。

板橋凸凹地形散歩

04 赤塚

市川城から移ってきた千葉自胤（よりたね）が築いた赤塚城は、荒川の低地を望む台地の突端に立地している。1456年の築城とされ、中世の代表的な平山城だった。千葉氏は小田原北条氏の有力な家臣だったが、北条家が滅んだ1590年に赤塚城は廃城となった。歴史を語る凸凹地形の多くが公園として整備され、自然を感じながらの歴史散歩が楽しめるのもこのエリアの魅力だろう。日本三大仏のひとつ東京大仏の参拝ついでに、ぜひこの界隈の凸凹地形を味わってほしい。区立郷土資料館もおススメ。

⑲ 溜池公園
清凉寺付近から発する湧水の流れと、赤塚川(谷津田川とも呼ばれるが本書では赤塚川と表記する)の流れが合流地点に溜池公園がある。赤塚城の水濠だったとされ、赤塚田んぼが広がっていた時代には灌漑用の貯水池として活用されていた。

⑳ 赤塚城址
二つの河川に挟まれた舌状台地に赤塚城は築かれた。写真の平坦地は、台地の上の本郭跡である。崖の下には空堀跡も残されている。ちなみに中世の城の遺構は23区に5か所あるが、板橋区には2つがあるわけだ。

㉑ 板橋区立赤塚植物園
赤塚川支流の谷が板橋区立赤塚植物園として開放されている。園内には湧水の流れる川や池が設けられ、スリバチ地形を歩いて楽しめる。谷の先端部が湿地帯として保全されているところも嬉しい。

㉓ 不動の滝
赤塚中央通りは赤塚川の谷筋を走る道で鎌倉街道のひとつでもある。赤塚川右岸の崖には、流れ出る湧水を使った「不動の滝」がある。崖上に二体の不動尊像が祀られていることに由来する。大山詣や富士詣が盛んだった時代、旅人が身を清める禊場として使われていた。

㉒ 赤塚氷川神社 北側の窪地
清凉寺からの細流を見下ろす氷川神社の北側に、小さなスリバチ状の窪地があり住宅地に利用されている。写真はその住宅地の中央を流れていた水路跡のささやかな路地である。この界隈にはこうしたスリバチ状の窪地がいくつも点在し、見る者を飽きさせない。

㉔ 赤塚川の谷
赤塚川の谷は狭く急峻なため、写真のように向かい合う坂道の光景にしばしば出会う。赤塚川は体育館裏にある窪地から湧き出た水を水源とする小河川だ。

板橋凸凹地形散歩

05 | 成増

西に都県境の川・白子川が流れ、その支流である百々向川とこいど川が成増の台地に複雑な凸凹地形を与えている。白子川は現在直線化されているが、かつては沖積低地を右へ左へと蛇行するあばれ川であった。その痕跡が曲がりくねった都県境に記憶として刻印されている。成増側から白子川の谷を西に望むと、夕陽の先に広がる武蔵野台地というフロンティアの広大さに感嘆せずにはいられない。地形に国境はないのだ。

㉕ 白子川の谷を望む坂道

菅原神社のある舌状の台地から、白子川がつくった広大な谷間を見下ろす。谷間の先、遠くに見える緑の丘は朝霞台（埼玉県和光市）だ。地形散歩のフィールドはどこまでも広大だ。[写真p.44-45]

㉖ 小治兵衛窪庚申尊
（こじべえくぼこうしんぞん）

赤塚新町三丁目付近の湧水を水源とする百々向川の途中に、小治兵衛窪庚申尊がある。この窪地ではかつて付近の農家が野菜を洗う共同の洗い場があった。小治兵衛とは、自らの悪事の罪滅ぼしとして、この地に橋を架け渡した男の名だという。

㉘ 百々向川の一級スリバチ

再開発された成増駅の北側にも百々向川暗渠は残されている。写真は暗渠路へと下りる階段で、この先が土手で塞がれているために正真正銘のスリバチ状の土地（一級スリバチと呼ぶ）になっている。

㉗ 百々向川暗渠路

百々向川の上流部は魅力的な暗渠路が続く。写真は川越街道（国道254号線）の北に残る暗渠路だ（住宅の右側の狭い路地が暗渠路である）。このさりげなさがたまらない。

㉙ 百々向川の谷を望む丘

写真は高台から百々向川がつくる谷間を望んでいる。谷間を低層住宅が満たし、対岸には緑の丘が見える。緑の丘には菅原神社が祀られ、成増村の鎮守であった。

㉚ こいど川緑道

白子川の一支流であるこいど川は全域が暗渠化され、その一部は緑道として整備されている。水源は赤塚公園裏の窪地からの湧水と思われる。延長500mほどの小河川ではあるが、成増台地を削る谷の深さは一人前である。

地図を持って歩こう

発見！
板橋暗渠
見えない川を探す旅

坂道や谷の多い東京には、かつて実にたくさんの川が存在していた。
しかしその多くは都市開発に伴い消滅している。
もちろん板橋でも同様に、多くの中小河川が見えない川「暗渠」と
なって消えていった。しかしそれらは、今もあちこちにわずかな痕跡を残している。
まるで川だったことを静かに訴えかけるように。
この痕跡に気づいたとき、見過ごしていた・見えなかった景色がなんと豊かに広がってくることか！
この驚きを、悦びを、いったいどれだけの人が味わっていることだろう。
板橋の暗渠を『暗渠マニアック！』（柏書房）著者の吉村生・髙山英男コンビがご案内。

text｜髙山英男・吉村 生

たかやま・ひでお｜中級暗渠ハンター（自称）。1964年、栃木県生まれ。ある日「自分の心の中にある暗渠」に気付いて以来、暗渠に夢中になる。「知れば、見慣れた風景が激変する」暗渠の愉しみを、より多くの人に伝えるため日々活動中。共著に『暗渠マニアック！』（柏書房）、『はじめての暗渠散歩』（ちくま文庫）など。

よしむら・なま｜深堀型暗渠研究家。1977年、山形県生まれ。『暗渠マニアック！』（共著、柏書房）、『はじめての暗渠散歩』（共著、ちくま文庫）のほか、雑誌「東京人」等に寄稿。郷土史を中心とした細かい情報を積み重ね、じっくりと掘り下げていく手法で、暗渠の持つものがたりに耳を傾ける。

❶ すでに役目を終えた橋の親柱が、植木に囲まれ道の真ん中に残されている。坂下3丁目、今は見えない川、蓮根川の支流跡。

昭和47年、下水道工事中の写真。河川を暗渠化しているようにも見えるが、場所等詳細不明。[出典:『'72いたばし』板橋区]

暗渠って何？

「暗渠」とは、蓋を掛けられる・土管に流れを移されるなど、人の手によって地下に追いやられ、見えなくなった川や水路のことを指す。しかしここでは、地下に水の流れがなくなっていても、そこには水の履歴（あるいは魂）が残っていると考えて、単なる川跡・水路跡まで含めて暗渠と呼ぶことにしよう。

東京全域でとらえると、暗渠化が進んだ時期にはいくつかの波がある。都心では、瓦礫の処理で川が埋められた関東大震災後、および東京空襲後の二つの復興期、川が下水道や高速道路へと転用された東京オリンピック直前の昭和30年代・都市急ごしらえ期だ。それに次ぐのが、ここ板橋含め東京の郊外エリアを襲った、昭和40年代以降の郊外開発期である。農地が宅地や商工用地に転用されるにつれ、田畑を潤していた川はそれまでの目的を失い、宅地からの生活排水や工業用水で満たされるようになってしまった。特に板橋区では、昭和40～50（1965～1975）年の10年間に、人口はほぼ変わらないのに工場数はなんと2倍強に増加していることから、宅地化の進展に加え、工業用地の拡大とおそらくその排水による環境変化が区内の河川の暗渠化を一気に進める原動力となったはずだ。排水で汚れ、悪臭すら発する川はいつの間にか嫌悪の対象となり、埋められ、下水管に流されることとなった。

今は暗渠になった、板橋生まれ板橋育ちの川たち

text｜髙山英男

板橋区の川、といえば石神井川、白子川、新河岸川、荒川などの名が真っ先に上がることだろう。しかしこれらは、よそで生まれよそに流れていく川である。そんな、単に板橋を通過するだけの川ではなく、板橋区内を水源とする「板橋生まれ」の川が、実はたくさんある（あった）ことを知る人はそう多くはない。

板橋区の地形に目を向けてみよう。板橋区の南部は豊島区・練馬区から続く標高30m前後の台地。北部は荒川・新河岸川に繋がる平地。その境目の崖の斜面に多くの水源があったのだ。そこから流れる板橋生まれの川は、現在すべて暗渠となっている。それらの行方は、白子川や石神井川などに合流するものもあるが、南から北へ、つまり新河岸川や荒川へと向かっていくものたちが主だ。中でも特に広い流域面積を持つのが、前谷津川、蓮根川、出井川の3本の川（暗渠）である。いわば「板橋三大暗渠」とも呼ぶべきこれらの川は、すでに水面を失ってしまってはいるが、今でもしっかり辿ることができる。

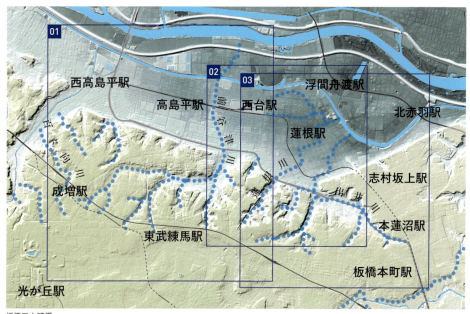

板橋三大暗渠

発見！板橋暗渠　63

板橋の川・昔と今

text｜吉村 生

❸ 昭和56(1981)年、前谷津川の暗渠化工事。約3m×約5mのボックスカルバートが埋め込まれ、雨水用の下水路となる。
❹ 同じく昭和56年、前谷津川が暗渠化された後、上に砂利を敷かれているところ。この後ここには緑道が作られる。

塞がれていく川

太古の昔、あちこちで水が湧き小川を作っていた。ある時代までは、名もなき長閑な川だ。そんな河川に工事のメスが入れられるきっかけの多くは、汚濁と氾濫。加えて板橋区の場合、工場誘致に起因する地盤沈下も溢水に影響していた。たとえば蓮根川は、汚濁のほか地盤沈下で起こる水害がひどく、新河岸川からの逆流さえあったといい、昭和53～58(1978～1983)年頃に暗渠化されている。前谷津川は昭和30年代から排水路化していたが、高島平団地開発の影響は大きかった。出井川も昭和30年代から工場排水にまみれ、「五色の川」とまで言われたが、暗渠化の引き金は高速道路建設であり、昭和40年代後半には首都高速5号線に覆われていった。

かつての川の風景

以前の川は、どんな姿だったのだろう。これも今は暗渠になった、成増の百々向川(すずむき)の歴史をたどってみよう。古地図にも登場する小治兵衛窪と呼ばれる土地には、盗人小治兵衛が罪滅ぼしに丸太橋を安全な橋に架け替えた、という伝承がある。その近くには洗い場もあり、人々は収穫した大根や人参などを洗った。ホタルが飛び、メダカやカニもいたそうだ。

付近のクリーニング屋さんで話を聞いてみる。そこでは、昭和30(1955)年以降の百々向川の記憶が語られた。川は流れてはいたが綺麗とはいえず、魚は既にいなかったという。柵もないので、よくオート三輪が落ちていた。危ないからと、板をかけたときもあった。川越街道の谷底にあたる小治兵衛窪には雨が降ると水がはけずに溜まるし、下る車同士(グラントハイツが近いので、海外の車ばかりだったそう)の事故もよく起きていた。──清流ではなくても、そこにあった小川の話は、たくさんの懐かしい思い出とともに紡がれる。人の記憶に、百々向川は生きていた。

百々向川は、宅地化や再開発の影響を受け、昭和50年頃姿を消したといわれているが、詳細はわからない。板橋の川たちは、それぞれに都市化の波を受け、地中にうずもれていった。

❺ 2万分の1正式図より、明治の終わり頃の成増。百々向川の谷に「コジベイ久保」という文字が見える。
❻ 小治兵衛窪の百々向川、工事中。庚申塔のあたりだという。撮影年不詳。[出典:『写真は語る』板橋区教育委員会、1994年]
❼ 現在の同じ位置と推測されるところ。川跡は植え込みや歩道になっている。奥には細い暗渠道が待ち受ける。

発見！板橋暗渠　　text｜高山英男

01 前谷津川

川の真上を、歩いてみよう

　赤塚新町2丁目から徳丸1丁目まで、東武東上線沿線に多くの水源を持ち、赤塚から徳丸、西台をもかすめて高島平へと優雅に川筋をくねらせ流れていくのが、前谷津川だ。

　赤塚新町2丁目にはじまる本流約5.5kmのうち8割方(しのがやと公園から新河岸川合流点までの区間)は、前谷津川緑道として美しく整備されている[写真❽・❾]。さわやかに緑道を散歩しながら川の名残を感じることができる、まさに暗渠初心者でも安心の暗渠散歩コースだ。このように、川跡が緑道に転化されている例は都内他区でも多く見られる。つまり緑道は暗渠であることが多いのだ。

　ただし、上級者にとってはこれだけでは物足りない。ひっそりとした裏路地に埋もれる川の痕跡を探し、それを脳内で繋ぎ川跡を再現することも暗渠の大きな愉しみのひとつだからである。でも大丈夫。懐深い前谷津川は、そんなマニア心を満たす場所もちゃんと用意してくれている。

　赤塚新町2丁目から赤塚2丁目にかけての、前谷津川の源流エリアがそれだ。一帯にはわずかな箇所にだけ、「蓋暗渠(水路に蓋を掛けただけのプリミティブな構造の暗渠)」が点在しているのである[写真❿]。断続するこの蓋暗渠を追いながら、かつての川を描いていくとびきりのパズルを愉しもう。そして蓋の下にいまだ流れている水を想い、耳を近づけてみよう。前谷津川のせせらぎが、そっと聞こえてくるかもしれない[写真⓫]。

RIVER SIDE STORY｜前谷津川

text｜吉村 生

川のかけらが、語りかける物語

新河岸1丁目に現存する暗渠。クネクネと曲がり、コンクリート蓋を伴う。典型的暗渠に、まさかこんな場所で出会えるとは。

　上〜中流部の話。昭和のはじめ、篠ヶ谷戸付近では子どもがよく風呂用に前谷津川の水を汲まされていたという。川に設けられた洗い場では大根やミツバを洗い、洗濯もした。そんなふうに川は生活とともにあったから、ほとりの人たちは親しみを持っていただろう。たとえば橋の一部が、今でも民家内に保存されている。

　下流部の話。徳丸田んぼが埋められ、昭和47(1972)年、高島平団地ができたとき、川際の商店街には「リバーサイド商店街」と名がつけられる。ところが汚濁が進んでいた流れは下水管に入れられ、開渠は枯れ川となる。そして暗渠化……と、わずかな間に目まぐるしく前谷津川は変えられていく。川跡にはたくさんの桜が植えられ、近隣住民はちゃぶ台を持ち出して暗渠上で花見を楽しむようになった。前谷津川は、細長い緑地帯として親しまれるようになったのだ。リバーサイド商店街は、さくら通り商店街に改称した。

　少し飛んで、新河岸へ。現在、ここは川に挟まれた島のように見えるが、間にある新河岸川は大正13(1924)年頃に掘削されたものだ。つまり、新河岸と舟渡は地続きで、前谷津川にはもっと先があったのだ。前谷津川の河口のかけらは、今もしっとりとした暗渠として、新河岸川の向こうに存在している。

⑬ 昭和51(1976)年の前谷津川。枯れ川にスリッパや乳母車などが投げ込まれ、大きなゴミ溜めになっていたところを、区が大掃除をした直後。六の橋のあたりから撮影。

⑭ 同じく昭和51年、同じ位置で撮られた写真。大雨で濁流と化した前谷津川は、普段の枯れ川とはまったく異なる表情を見せて住民を恐れさせた。

⑮ 鶴ヶ橋の一部。亀ヶ橋の銘板を保存しているといわれているお宅は、もうなくなっていた。

荒川のかけら

column

舟渡には、荒川のかけらも点在している。河跡湖として残るもの、土地の隙間として、あるいは入江として残るもの——たとえ切り離されても、残り続ける川の自負。地図をよく見ていると、昔の川筋が浮かび上がってくる。

大正以前の地図と現在の地図の比較。新日鉄住金の建物は川跡に沿って丸く作られている。[出典：東京時層地図、(一財)日本地図センター]

発見！板橋暗渠01｜前谷津川

発見！板橋暗渠

02 | 蓮根川

不思議空間「暗渠」で、妄想しよう

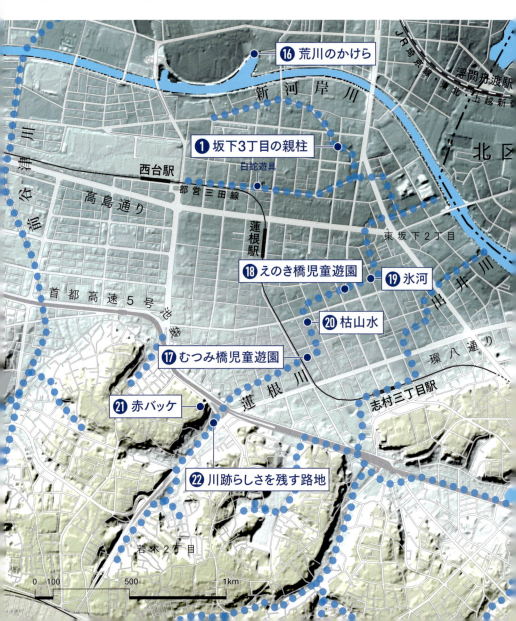

若木2丁目の西向きの崖地帯に始まって、都営三田線を越え何度もかくかくと直角に曲がりながら新河岸川へと合流するのが、蓮根川だ。下流域の東坂下2丁目では、都営三田線西台駅方面からやってくる2本の支流をあわせるが、「板橋三大暗渠」の中では最も注いでくる支流が少なく、シンプルな身なりをしている。ただし戦前の地図を見ると、現在の都営三田線との交点から下流域一帯は広大な田んぼだったようで、おそらくタテヨコに張り巡らされた用水路に接続していたのだろう。

流れをたどって歩くと、「むつみ橋児童遊園」「えのき橋児童遊園」という橋の名の残る公園がある。しかし橋は消え失せ、名前以外はほとんど何の痕跡も見当たらない。見えない川の流れを妄想するには恰好の場所だ。[写真⓱・⓲]この「妄想」が、暗渠をより愉しむためのスパイスである。橋の名だけを頼りに、かつての川の流れを感じてみよう。

さらにマニア度の高い愉しみ方として、昔の姿だけでなくまた別の風景を見出す「見立て」というのがある。これに絶好の「見立てポイント」が豊富なのが、蓮根川の特徴でもある。極北の氷河を眺めるようなこんな場所[写真⓳]や、きわめて高い精神性と抽象性を以って、砂で水の流れを表す枯山水の庭のようなここ[写真⓴]で、思い切りマニアックな妄想を愉しんでいただきたい。

RIVER SIDE STORY｜蓮根川

text｜吉村 生

蓮根川の記憶 かつてあった自然、今ある自然

蓮根川左岸に現在も僅かに見える「赤バッケ」…と言いたいところだが、殆ど草木に覆われている。「赤」は赤土を指し、「バッケ」は川沿いの崖にしばしばつけられる地名。

赤バッケから下に目をやれば、蓮根川の狭い暗渠道と出会う。この上流方向に湿地も残る。

　蓮根川は、ドンドン川という異名を持っていた。水量が多かったのか、小さな滝でもあったのか。生物はサワガニ、小エビ、ハゼ、カエル、フナ、ドジョウ、イモリなどがいたそうだ。川べりのムカゴやヨモギ、ヒシの実などは摘んで食べられた。しかし蓮根川は、下流部のみならず上流部も工場の影響を受けた。たとえば昭和初期に上流の奥に薬品工場ができ、汚水を流したために小魚が消えたこともあったという。いつしか「ドンドン川」は、「どぶっ川」と呼ばれるようになった。その後蓋がされ、さらに環八で分断された蓮根川。昔の自然はいずこ……と川岸を見上げれば、面影は少しだけある。往時、このあたりの崖にみられる関東ローム層の露出は「赤バッケ」と呼ばれ、蓮根川の左岸、志村高校周辺ではそれが通称地名化していた。その赤バッケが現在もなお顔をのぞかせ、麓の若木3丁目のローソン脇には湿地の名残。そしてその先の細道は、たしかに川の記憶を宿している。

---

column

白蛇伝説

　蓮根川の支流がはしる西台の暗渠の上には、巨大な白蛇がいる——実は遊具なのだが、なぜ作られたのだろう？そういえば、板橋区には蛇、白蛇、などの伝承が数多く残る。たとえば下板橋駅の近くに昔お多福弁天沼という沼があった。弁天様のお使いの白蛇が棲み、お目にかかると沢山の幸福を授かるという伝承があった。沼はなくなってしまったが、お多福弁財天のお社は残されている。

　板橋区の北側は長いこと葦などの生い茂る荒れ野原で、荒川が蛇のように曲がり、くねり、あちこちに沼や湿地があった。その湿り気は蛇とよく似合う。池や堰にまつわる大蛇の怖い話は、そこにある水の盗用を阻むため、という目的もあるかもしれない。一方で、幸せを呼ぶ人気者の白蛇もいるから、蛇伝説といってもその背景は多様だ。ともあれ蛇は神聖で水に縁の深い生き物。蛇伝説の場所の近くには、いつも水辺がある。白蛇伝説は、水がよく湧き、よく使われてきた板橋らしい話だ。

赤塚溜池
昭和49(1974)年、群馬県から龍神様を信仰している人々が来て、その分身がここに棲んでいるが胸の上に大石を投げ込まれて瀕死なので供養してほしいと言ってきたという。

不動の滝

㉕赤塚城二の丸に祀られる妙見様の使いの白蛇が、ここに水を飲みに来たという。

荒川
荒川の深いところに大蛇あり、会うと熱病に罹る、ということが東京名所図会には書いてある。

へび公園
㉓㉔通称「へび公園」

丸池
荒川の旧流路が残り、池になっていた。そこに大蛇、あるいは大大蛇が棲むといって農民が恐れていた。

へび坂
通称「へび坂」
じめじめしていてヘビが多かった。

白竜弁財天石仏
もとはこの谷の水源にあったが、その後民家内に移された。白蛇が白竜になったのではという人もいる。

五ヶ村堰
青い水が池のように溜まっており、角を生やし光った玉が喉の下に7つある「メッカチの蛇」が流れてきたという。

お多福弁天沼
かつて沼があり、弁天様のお使いの白蛇が棲んでいたという。板橋1-6-12に弁天様は移されている。

弦巻池
鶴舞池などとも。今は谷ごと埋められているが、かつて谷があり先端に池があった。そこに大蛇が棲んでいたという。

栗原堰近くのあげ堀の湿地
松の木に大蛇のようなものがいた、一銭玉大のうろこを拾った、などの話が残る。

氷川池
氷川神社の裏に池があった。弁天様のお使いの白いナマズが棲んでいたという。

蛇谷戸
造成されて団地ができたが、以前は谷戸であり蛇谷戸といわれた。

白蛇伝説マップ ※白蛇以外の伝説も含む

㉓

㉔

㉕

㉓ 蓮根川上にある通称「へび公園」には、巨大な白蛇遊具が。子どもたちは怖くないのだろうか？
㉔ ところが今も昔もこのヘビは人気の遊具。「ドン、チッケッタ」という遊び方で楽しまれている。
㉕ 今でも水の滴る不動滝。男榎と女榎が谷津田の高台で話していたら、二人の間の足元から水がちょろちょろ流れ出し、滝となったという。

発見！板橋暗渠02｜蓮根川 　73

発見！板橋暗渠　text｜高山英男

03 ｜ 出井川

見えない川の見つけ方——暗渠サインを探せ！

その名も「泉」町にある出井の泉を水源とし、前野町2丁目、若木1丁目、中台3丁目からの支流らを集め、中流以降は蓮根川の動きを真似るようにかくかくと流れ、蓮根川の少し下流で新河岸川に注ぐのが出井川である。

暗渠マニアたちは、暗渠であることを物語る街角アイテムを「暗渠サイン」と呼んで愛でているが、ここ出井川でもたくさんの暗渠サインに出会うことができる。

まずは若木1丁目から始まる支流・通称前野川の「へんな歩道」［写真㉖］。道の真ん中にずどんと歩道が通り、車道はその両脇に追いやられている。こんな「逆転」が起きているのは、おそらく川を避けて車道を作り、その後暗渠を歩道にしたからではないだろうか。このような「違和感のある歩道」は暗渠サインのひとつなのである。

そして都営三田線志村三丁目駅の北側にある駐輪場。このはしっこにごついコンクリートの塊がある。これはかつての川の護岸の跡で［写真㉗］、もちろんこの駐輪場が川だったことを物語る暗渠サインである。

この駐輪場近くにあるのが松の湯という銭湯。銭湯も重要な暗渠サインだ。大量排水の便を図るために、川のそばに銭湯を建てることが多かったという。

やや下ってクルマの行き交う中山道との交差地点には、なんと幻のようにたたずむ橋跡（新小袋橋）が現れる［写真㉘］。川があったからこその橋。

「暗渠サイン」は出井川だけでなくきっとあなたのそばにもあるはずだ。暗渠サインを意識するだけで、いつもの散歩が「宝さがし」のように思えてくることだろう。

RIVER SIDE STORY｜出井川

出井川の遺産　湧水と子どもたち

text｜吉村 生

昭和40～50年代、高速道路建設中。水の流れが車の流れに変わってゆく。
地理院地図 国土画像情報 第一期：1974～1978年撮影。[出典：東京時層地図、(一財)日本地図センター]

　出井川の水源である出井の泉は薄暗い穴底から湧き出ており、子が飲むと水、親が飲むと酒になるという伝承を有している。志村三泉のひとつ（他は見次の湧泉、薬師の泉）でもある。かつて板橋は湧水が多いと言われていたが、その名残がある頼もしいエリアが、この出井川も通る志村界隈だろう。見次公園には現在も水が湧いているし、付近には数多くの湧水点があったと推測される。流域に縄文・弥生の遺跡が点在することもその証し。さらにこの地形を利用して志村城が築かれたため、出井川には「城」のつく橋が5つもある。
　ゆえに水量も多めで、昭和30年頃までは子どもがよく泳ぎ、魚とりもしていたという。あっというまに、高速道路の下に消えた出井川。しかし、現在でも川の遺産のように水は湧いている。志村城山公園では、その湧水から引いた人工の小川で子どもたちがザリガニ釣りに興じていた。高速道路の下にできた公園でも、子どもたちが遊ぶ。今も昔も、子どもたちは出井川で遊ぶ。

㉚ 前野町4丁目付近の出井川。改修工事時に「逆川」としたら不評だったので「出井川」を公称としたとか。
　　[出典:『板橋のあゆみ』滝口宏(編集)、板橋区、1969年]
㉛ 志村城山公園に湧く水。出井川に注いでいたであろう。写真右側に水路が伸び、ザリガニが棲んでいた。
㉜ 高速道路の下にある出井川跡。上流には公園も。

不思議な地名、小豆沢(あずさわ)

column

その由来は、平将門への貢物の小豆(あずき)を積んだ船が沈没したことからというものと、アズ＝崖崩れを意味し、荒川の氾濫によって崖が崩壊したからというものなど、諸説ある。台地の上下を結ぶ傾斜の地。小豆沢神社の一の鳥居は貝塚の層の上に建てられた。また、小豆沢に一本だけある短い谷は、井戸谷津と呼ばれるほど豊富に水が湧いたという。

㉝ 小豆沢の地形(右:『カシミール3D』を使用)を模して筆者がつくった「小豆沢カレー」(左)。「小豆沢の庚申団子は人魚の肉をかたどった」など海にまつわる伝承が多いので魚介入り。ご飯に小豆を炊き込み、貝塚は蜆の佃煮、小豆の船はパプリカで表現。
㉞ 井戸谷津と呼ばれていた谷に現在もある暗渠。蓋の内側からは水の轟が聴こえる。

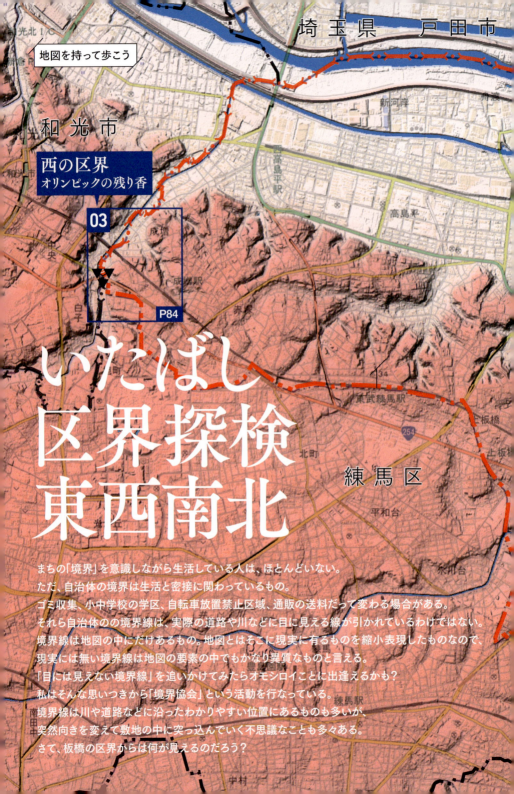

地図を持って歩こう

西の区界
オリンピックの残り香
03
P84

いたばし
区界探検
東西南北

まちの「境界」を意識しながら生活している人は、ほとんどいない。
ただ、自治体の境界は生活と密接に関わっているもの。
ゴミ収集、小中学校の学区、自転車放置禁止区域、通販の送料だって変わる場合がある。
それら自治体のの境界線は、実際の道路や川などに目に見える線が引かれているわけではない。
境界線は地図の中にだけあるもの。地図とはそこに現実に有るものを縮小表現したものなので、
現実には無い境界線は地図の要素の中でもかなり異質なものと言える。
「目には見えない境界線」を追いかけてみたらオモシロイことに出逢えるかも？
私はそんな思いつきから「境界協会」という活動を行なっている。
境界線は川や道路などに沿ったわかりやすい位置にあるものも多いが、
突然向きを変えて敷地の中に突っ込んでいく不思議なことも多々ある。
さて、板橋の区界からは何が見えるのだろう？

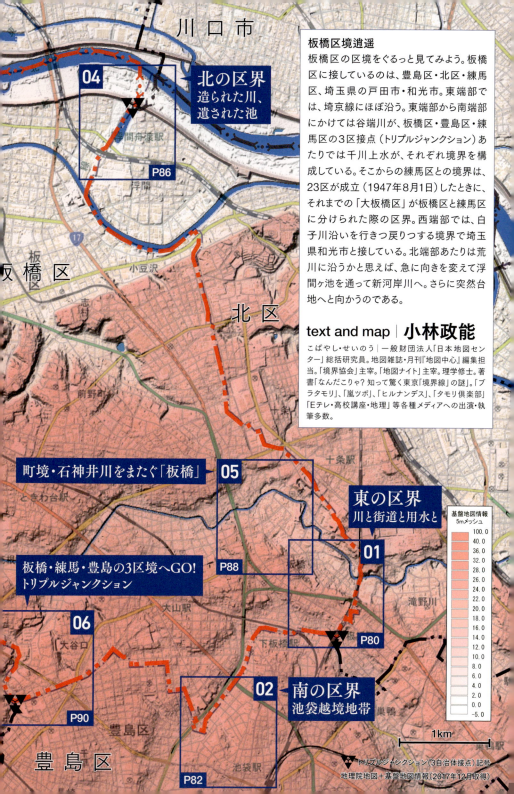

板橋区境逍遥

板橋区の区境をぐるっと見てみよう。板橋区に接しているのは、豊島区・北区・練馬区、埼玉県の戸田市・和光市。東端部では、埼京線にほぼ沿う。東端部から南端部にかけては谷端川が、板橋区・豊島区・練馬区の3区接点(トリプルジャンクション)あたりでは千川上水が、それぞれ境界を構成している。そこからの練馬区との境界は、23区が成立(1947年8月1日)したときに、それまでの「大板橋区」が板橋区と練馬区に分けられた際の区界。西端部では、白子川沿いを行きつ戻りつする境界で埼玉県和光市と接している。北端部あたりは荒川に沿うかと思えば、急に向きを変えて浮間ヶ池を通って新河岸川へ。さらに突然台地へと向かうのである。

text and map｜小林政能

こばやし・せいのう｜一般財団法人「日本地図センター」総括研究員。地図雑誌・月刊『地図中心』編集担当。「境界協会」主宰。「地図ナイト」主宰。理学修士。著書『なんだこりゃ？ 知って驚く東京「境界線」の謎』。「ブラタモリ」、「嵐ツボ」、「ヒルナンデス」、「タモリ倶楽部」「Eテレ・高校講座・地理」等各種メディアへの出演・執筆多数。

いたばし区界探検・東西南北

01 東の区界 川と街道と用水と

板橋区東端部は、JR板橋駅にほど近い一帯。まず、板橋駅が境界駅（複数の自治体にまたがる駅）になっている。しかも駅の構内にトリプルジャンクション（板橋区・北区・豊島区）がある珍しい駅。

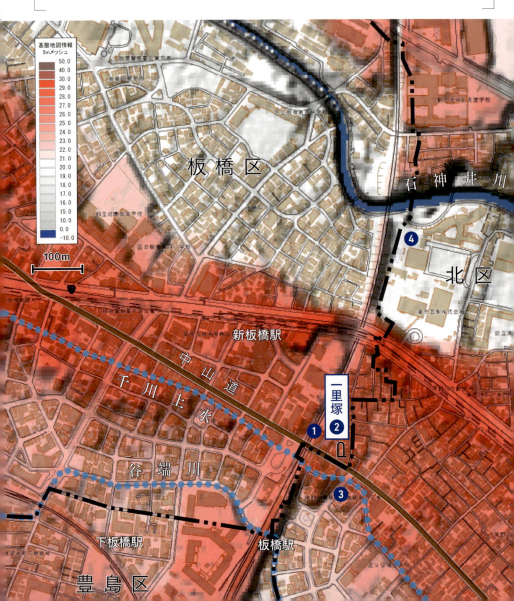

板橋が発展した軸の一つが中山道。その名残が、JR板橋駅北側の踏切名に遺されている[写真❶]。区界は、踏切近くの八百屋横の路地に、中山道から折れて伸びてゆくが、この八百屋の位置に、往時は一里塚があったと言われている[写真❷・一里塚イメージ]。板橋宿の中でもっとも江戸寄りの平尾宿がここまでであったことから、ここに境界が引かれたのであろう。八百屋近くの交差点を中山道側から見ると、盛り上がっているのがわかる[写真❸]。この高いところを、千川上水が流れていた。地形的に見ると、石神井川と谷端川の2河川の流域界、馬の背状の細尾根を選んで千川上水を通していることがわかる。

　最東端部は、石神井川を越えるあたり。右岸側の遊歩道には、区界アイテムに遭遇。「谷津橋から区界まで115m」の木製道しるべの脇で、遊歩道の舗装が変わり、北区側には「音無くぬぎ緑地」の標識がある[写真❹-①・②・③]。目に見える区界に出会うことができる水辺である。

❶ 路線名としては「赤羽線」は現役

❷ この八百屋の位置に、往時は一里塚があったと言われている。

❸ 千川上水跡は中山道側から見ると、盛り上がっているのがわかる。

❹-②

❹-③　　❹-① 遊歩道の舗装が変わり、目に視える区界に出会える。

いたばし区界探検・東西南北01｜東の区界

いたばし区界探検・東西南北

02 南の区界 池袋越境地帯

板橋区南端部は、下板橋駅から暗渠化された谷端川[写真❺]に沿っていた境界線が、西にカクっと曲がるところ[地図中❼]。まるで、豊島区に板橋区のくさびが打ち込まれているようだ。

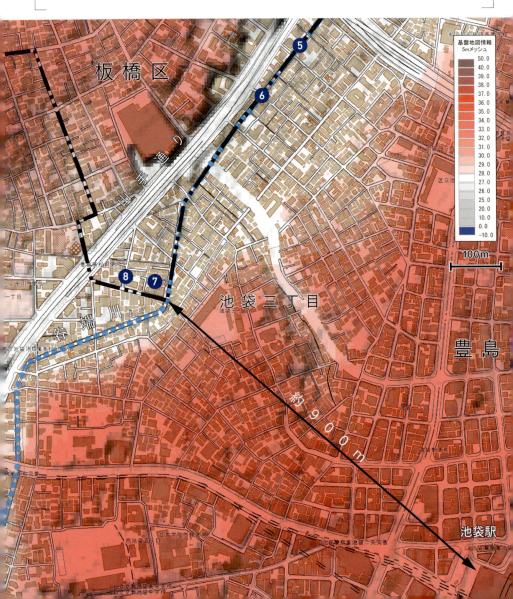

谷端川は、豊島区要町の粟島神社弁天池が源流で、神田川に合流する小河川。下流部の文京区内では小石川（礫川）とも呼ばれていた。現在の文京区の西側、旧・小石川区の名の由来は、この河川名だ。

　暗渠になった谷端川上の遊歩道には、かつて架かっていた橋の親柱や欄干が遺されているのだが、その中には「境」の文字がつく「境井田橋」［写真❻］と「境橋」［写真❼-③］という2つの橋がある。また大正期の地形図には「境井田」や「境向」という地名も見られる。さらに明治初期の地図では、谷端川が中丸村（現・板橋区）と池袋村（現・豊島区）の境界として描かれている。さらにさらに、区界が折れ曲がる「境橋」よりも南側は、長崎村（現・豊島区）とされており、「境橋」は3つの村（中丸・池袋・長崎）のトリプルジャンクションに位置していたのかもしれない。

　最南端部「境橋」のあたりは、池袋駅から直線で約900mと近く、豊島区側が「池袋三丁目」。そのため、板橋区側に豊島区の地名「池袋」が付けられた建物名をいくつも見つけることができる［写真❼-②、写真❽-②］。地名のブランド力によって「板橋区池袋」がちらほら築かれつつあるのだ。そんな建物たちを私は「越境物件」と呼んでいる。

❺ 谷端川緑道　　　　　　　　　　　　❻

❼-② 写真❼-①の板橋区側のマンション名　❼-① 板橋区南端部周辺　　　　　❼-③

❽-② 写真❽-①の板橋区側のマンション名　❽-①

いたばし区界探検・東西南北02｜南の区界

いたばし区界探検・東西南北

03 西の区界 オリンピックの残り香

板橋区は西端部で、埼玉県和光市に接する。国道254号線・川越街道が白子川を越えると埼玉県。その都県界の橋は「東埼橋」「新東埼橋」と東京と埼玉を合成した名になっている。

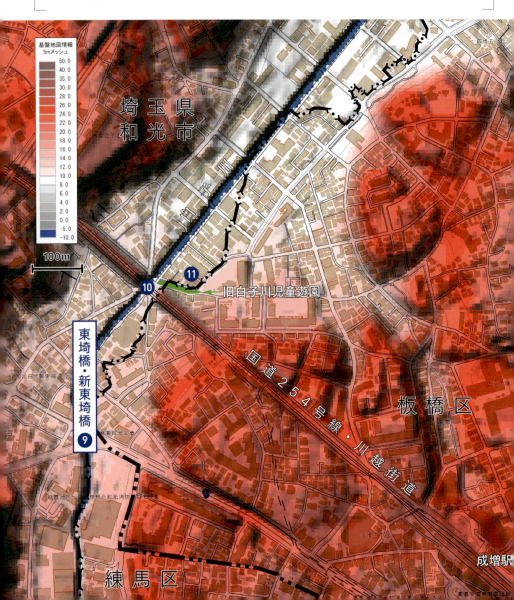

⑩ 直線化された白子川。都県界と重なるところは意外と少ない。

成増駅から徒歩10分ほど、「新東埼橋」の欄干には、オリンピックのマークの透かし彫りがある[写真❾]。この五輪マークは、1964年東京オリンピックの会場として、埼玉県内に朝霞射撃場や所沢クレー射撃場が設置されたことからデザインされたもの。オリンピックに合わせて国道254号線が板橋区から埼玉方面にバイパスが整備され、その際に架橋されたのが「新東埼橋」。1964年当時のオリンピック選手が、板橋区から新東埼橋を通っていたのだ。

このあたりの都県界は、白子川とは一致していない。都県界はくねくねし、和光市が板橋区側に飛地状になっているところや、さらに下流部ではその逆もある。現在は、まっすぐな流路の白子川[写真⑩]だが、以前は蛇行して流れていたのだ。戦前の昭和10(1935)年代から昭和30(1955)年代にかけて行われた耕地整理に合わせて、白子川は河川の改修工事が行われた。曲がった白子川の名残が、現在の蛇行した都県界[写真⓫-①、写真⓫-②|和光市マンホール、写真⓫-③|東京都マンホール]や、旧白子川児童遊園地という公園名などに見ることができる。

境界線が、過去の川の流れを地図上に遺しているのだ。

❾ 奥が東埼橋、手前がオリンピックマークの新東埼橋。

⓫-② 和光市マンホール　⓫-③ 東京都マンホール

いたばし区界探検・東西南北03｜西の区界　85

いたばし区界探検・東西南北

04 | 北の区界 造られた川、遺された池

荒川は都県境、北側（左岸）が戸田市、南側（右岸）は板橋区……は厳密ではない。荒川の南側にも戸田市がある。そして、浮間ヶ池の真ん中にある区界[写真⑫]の由来が、この地の歴史を語っている。

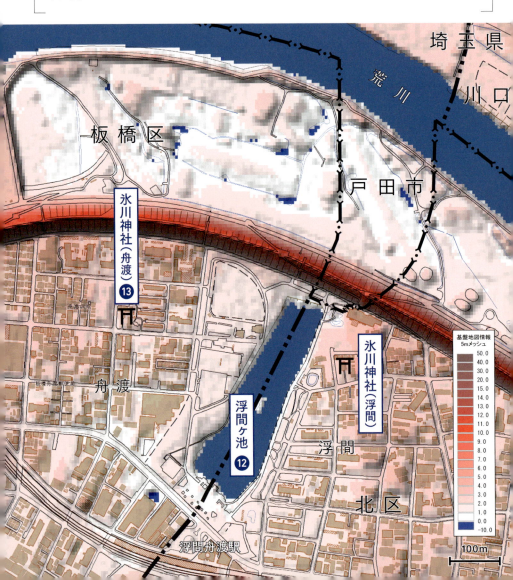

⑫ 浮間ヶ池の中央に区界がある。

⑬ 舟渡氷川神社境内の十度の宮

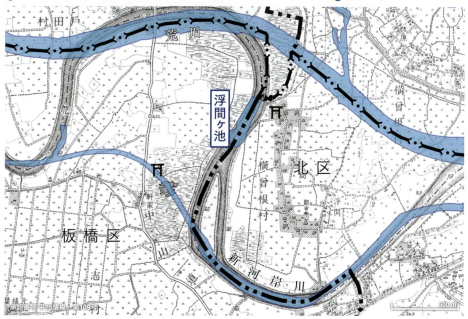
⑭ 1909(明治42)年の浮間ヶ池周辺の地形図に、2017年の河川流路を重ねた。[出典：東京時層地図、(一財)日本地図センター]

東京23区を流れる最大の河川・荒川が、現在の形になったのは、昭和初期・1930(昭和5)年のこと。1910(明治43)年の大水害を契機に計画され、1913(大正2)年から17年がかりの大工事で開削された人工河川である。工事の途中で、関東大震災(1923(大正12)年)にも遭っている。工事前の地図(明治末期)と、現在の河川の流路を重ねてみた[地図⑭]。当時の荒川の大きく蛇行する流路の頂点を結ぶようにして、現在の荒川と新河岸川が整備されている。そして浮間ヶ池は、かつての荒川の一部が切り取られて、池として遺

されていることがわかる。

浮間ヶ池を挟むように、東西に氷川神社が2つある。それぞれが舟渡(板橋区)と浮間(北区)の鎮守。舟渡の氷川神社は、新河岸川の整備で現在の位置に遷されたものだ。また、境内にある「十度の宮」[写真⑬]は、かつては何度も洪水で流されて、十度この地に戻ったためにその名がついたと言われている。

荒川の洪水と治水の歴史の中で、現在の境界が形作られたのだ。

いたばし区界探検・東西南北

05 町界・石神井川をまたぐ「板橋」

板橋の区名の由来になった「板橋」は、石神井川をまたぐ橋。石神井川は宿場のこちらとあちらを隔てる、町の境界でもあった。この石神井川も、時代を経て流路が変えられているのだ。

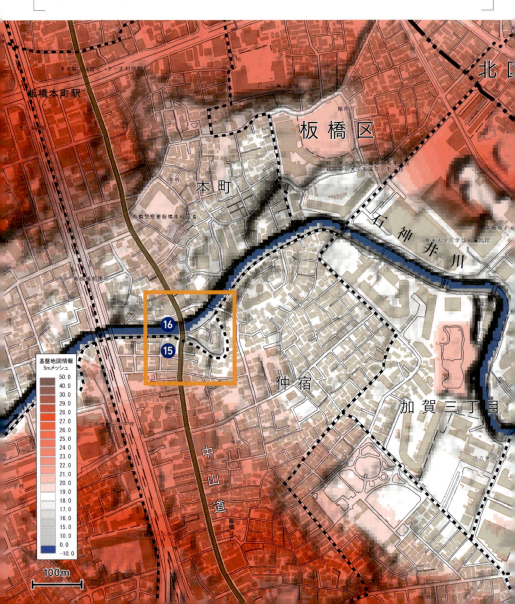

中山道が石神井川を越える橋が、区名と宿場名の由来でもある「板橋」。橋としての板橋があるのは、左の地図オレンジ枠内。この枠内をよく見ると、石神井川の流路と町丁目界は一致していない。この蛇行している町丁目界が、石神井川の過去の流路[地図⑰中、オレンジ枠]。ということは、現在の板橋と、江戸期の板橋[図⑮]は少し場所が違うことになる。江戸期の板橋は、現在の川の上からややはずれた[写真⑯]の四角の位置にあったのだ。

明治期、石神井川には多くの水車が設置され、動力元になっていた。明治の地図には水車房[地図⑰中、赤建物]や、水車の地図記号も描かれている。水車は、陸軍火薬製造所でも使われていた。その名残で今でもこの付近には陸軍省の境界標[写真⑱]が遺されている。

⑮ 江戸名所図会「板橋駅」[所蔵：国立国会図書館]

⑯ 江戸期の板橋は、四角の位置にあった。

⑱ 陸軍省境界標

⑰ 1909(明治42)年の板橋周辺(一部加筆)[出典：東京時層地図、(一財)日本地図センター]　　水車の地図記号

いたばし区界探検・東西南北05｜町界・石神井川をまたぐ「板橋」　　89

いたばし区界探検・東西南北

06 板橋・練馬・豊島の3区界へGO!
トリプルジャンクション

板橋区が現在の範囲になったのは、1947(昭和22)年8月1日。「大板橋区」から練馬区が分離独立し、22区から23区になったとき。そのとき板橋・練馬・豊島の3区の区界、トリプルジャンクションが誕生。そこでは異なる自治体の境界標がくっつく「境界キスマーク」が見られる。

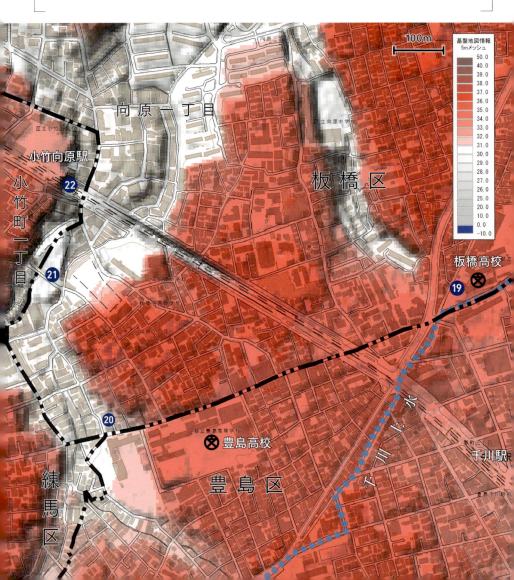

⑲ 板橋高校(写真左)前の桜並木は、千川上水跡であり、区界でもある。

千川駅から千川上水の跡をたどって、板橋区と豊島区の区界まで行く[写真⑲]。歩道の幅が車道と同じくらいで妙に広く、その境目には桜並木がある。この桜並木が、千川上水の跡であり、それに沿って区界があることに気がつくだろう。

そこから南西に向かって区界をたどっていくと、「板橋区」「豊島区」両方の境界標を道沿いに多く見ることができる。この区界沿いに「板橋高校」と「豊島高校」がある。両校とも区名が校名になっているわりには、どちらも区のはずれにあるのも興味深い。

板橋区と豊島区と練馬区のトリプルジャンクション[写真⑳-①]には、キレイな境界キスマーク[写真⑳-④]。その向かいの練馬区表示板の根元には、豊島区界標[写真⑳-②・③]がステキだ。

ここからは板橋区と練馬区の区界を進んで行く。エンガ堀という名の暗渠沿いの道を抜けたところに、境界標がちょっとだけ間を空けて並んでいるところも愛おしい[写真㉑-①・②・③]。

小竹向原駅も境界駅。この駅名、「板橋区向原」と「練馬区小竹町」の2地名の合成であることがわかる[写真㉒-①・②・③]。そして、ここまで読まれたあなたは、北端部の「浮間舟渡駅」も地名合成駅名だったことにも気がついたと思う。

いたばし区界探検、オモシロイことばかりなり!

㉒-② 小竹町+向原=小竹向原駅

いたばし区界探検・東西南北06｜板橋・練馬・豊島の3区界へGO!

Itabashi
Mania

3

暮らしに触れてみよう

板橋商店街の歩き方
―
板橋団地ツアー
―
高島平ライフ

暮らしに触れてみよう

板橋商店街の歩き方

板橋には古き良き商店街が残っている。時代の波に乗った、オシャレな店もある。
しかし何と言っても、昭和の風情が残った味のあるお店に出くわすのがいい。
それは八百屋だったり、肉屋だったり、お茶屋や団子屋、呉服屋もあれば、駄菓子屋も健在。
老舗も活き活きしているのが板橋らしさなのだ。
ある種の商業文化が残っている板橋の主な商店街が見られるのは、
中山道、川越街道といった歴史の旧道と、東上線、三田線の駅前だ。
これらの商店街を長年見ている板橋の老舗酒屋出身フリーライター・荒井禎雄さんが、
それぞれのエリアごとの特徴を語りながら、商店街を案内する。

text|荒井禎雄

あらい・さだお｜フリーライター・WEBサイトプロデューサー。1975年、板橋区生まれ。2000年代初頭より情報サイトの立ち上げやプロデュースなどを手掛ける。ライターとしては表現規制問題や地域批評などを得意とし、主な著作に『これでいいのか東京都板橋区』(マイクロマガジン社)、『魚屋がない商店街は危ない』(MM新書)など。

板橋の商店街とは？

商店街は絶滅危惧種

いま現在、商店街は日本全国から姿を消しつつある。特に深刻なのは地方都市で、ロードサイドに建設された大規模なショッピングモールやインターネット通販に客を奪われ、昔ながらの商店街は観光地でもない限り再興の目がない状態だ。しかも、今やそのショッピングモールですら淘汰が始まっており、中には営業中であっても客足が芳しくなく、大型廃墟のような状況にある場所すら見られる。

ところが、東京23区は例外的に、元気な商店街が数多く生き残っている。これは極端な人口集中がありつつも、交通の便の良さから、徒歩移動する住民が多いという、人が商店街を通る条件が揃っているためだ。

板橋区の特異性

中でも板橋区は、23区の中でも際立って商店街が元気な土地だ。特に区の南部から東武東上線沿線の西部地区にかけては、各駅に商店街があって当たり前という状況で、仲宿を中心とした旧宿場の一帯や、大山駅周辺には、直線距離が1kmを超える大規模商店街が複数ある。しかも、他でよく見られる「飲食店街」として形を維持しているのではなく、生鮮品・日用品を主力商品とする「生活型の商店街」として生き残れている点は特筆すべきだろう。

商店街単体の規模ならば、大山は戸越・砂町・十条の三大銀座に勝るとも劣らず、鉄道の各駅に元気な商店街があるという点では、東武東上線は椎名町・東長崎・江古田を有する西武池袋線と同レベル。板橋区は23区で質量共にトップクラスの、まさに商店街天国である。

大都市化を捨てて
庶民の街である事を選んだ

この板橋区が持つ「商店街が強い」という特性がいかにして生まれたのかは、鉄道という交通機関が誕生した明治時代にまで遡って考える必要がある。

まず、板橋区には新宿・池袋・渋谷・秋葉原といった有名な街や大ターミナルがひとつもないが、鉄道駅の古さで言えば、JR板橋駅は新宿駅や渋谷駅と同期(明治18年開業)であり、秋葉原(明治23年開業)や池袋(明治36年開業)よりも先輩という、かなりの古参である。

ところが、板橋は江戸時代からの宿場町を守る気持ちが強すぎ、街の中心地への鉄道の乗り入れを拒絶。街はずれの不便な場所に駅を建設したせいで、鉄道中心の新時代に完全に乗り遅れてしまった。同期や後輩達が駅を中心に大都市化したのに対し、板橋は大ターミナル街としての発展のチャンスを逃したのだ。

しかし、そのお陰で立地や人口の割に大規模な開発が行われず、商店街が生き残りやすい奇跡的なバランスを保つ事ができた。新宿や池袋のような大都市は派手で便利だが、常に治安の悪さに悩まされ、物価や家賃の高騰も酷い。その点で板橋区は、地味ではあるが治安も物価も落ち着いており、家賃相場も都内の平均値を下回っている。都心部まで10〜20分の距離にあって、ここまで誰もが平等にのんびり生活できる土地は、23区では珍しい。

この章では、様々なマイナス要素にもめげず、庶民の生活の場としての地位を守り続けた、バイタリティ溢れる板橋区の商店街を詳しく紹介して行く。

今回紹介する6つのエリア

板橋商店街の歩き方

01 板橋駅・旧宿場地区

板橋区の心臓部

江戸時代に下板橋宿の本陣が置かれた中心地である仲宿は、賑わう大規模商店街として当時の形を現在に残している。

　板橋区は区役所など行政に関する機関・施設の殆どが、南部の旧宿場町付近に密集している。そのため、区内で最も人の通りが多い地域であり、商店街の規模も大きい。それもそのはずで、江戸四宿（品川・内藤新宿・千住・板橋）のひとつであった旧中山道の下板橋宿が、ほぼそのままの形で商店街として残っているのだ。

　旧宿場は大きく分けて3ブロック構成になっており、最も南側にあるのがJR板橋駅付近から始まる平尾宿で、板橋駅前の本通り商店街や、17号線を渡った先にある不動通り商店街がそれにあたる。不動通り商店街は板橋遊郭のあった場所でもあり、昭和50年頃まで旧遊郭（新藤楼）の建物が残されていた。

　王子新道を境に旧中宿になり、これが数百m先の石神井川まで仲宿商店街として続いている。仲宿商店街は、旧下板橋宿の中では最も商店街らしい機能を備えており、生鮮品や日用品を扱う個人商店が数多く生き残っている。旧街道ならではのゆったりした道の両脇に商店が立

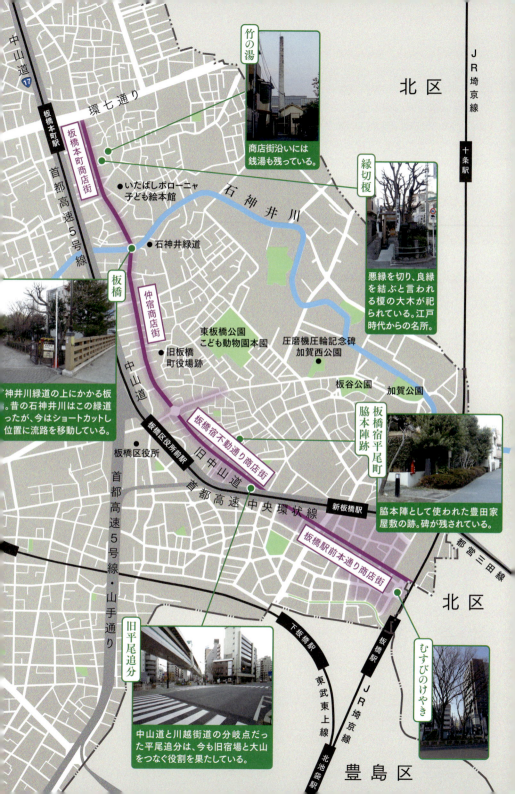

ち並ぶ様は、これぞ昔ながらの日本の街といった趣きだ。

仲宿の北端には石神井川が流れており、そこに架かる橋が板橋の地名になったと言われている。この川沿いは、春には地元民が思い思いに花見を楽しむ桜の名所。夜にはライトアップもされる。

石神井川を渡ると旧上宿である板橋本町商店街となる。ここは板橋宿の歴史の中でも特に苦難の道を歩まされた土地で、明治の大火の際には街が全焼し、宿場町時代からの建物の殆どが焼失してしまったという。その後は時代の流れの中で少しずつ街としての役目を変え、現在はマンション化が進む静かな住宅地となっている。

また、この一帯は加賀藩の広大な下屋敷があった場所で、その敷地は東板橋公園(こども動物園)や加賀公園といった、区民の憩いの場として活用されている。

「板橋」は、区を代表する桜の名所。東は加賀から西は常盤台辺りまで、石神井川沿いにお花見スポットが続く。

板橋区の地名の由来とされる「板橋」。板橋宿の中山道が、板橋南部で最大の川石神井川をまたぐところに掛けられた橋。ふたつの商店街の目抜き通りをつないでいる。

仲宿商店街。老舗から新規店まで、また食料品から衣料・雑貨などさまざまな店舗が軒を連ねる。
旧中山道なので、周囲には名所旧跡も点在する。

板橋商店街の歩き方

02 大山地区

板橋区最大の商店街がある街

　大山は都内でも有数の超巨大商店街ハッピーロード大山と遊座大山のある街だ。2つの商店街は繋がっているので、両者を合わせると直線部分だけでも1kmを超え、都内最大と言われている戸越銀座商店街に匹敵する規模となる。

　この大山の商店街は、他の有名商店街にも負けない強力な武器を持っている。それは空き店舗率の異常なまでの低さだ。ここまで大規模な商店街となると、1割程度はシャッターを下ろしたままの元商店があるものなのだが、大山は空き店舗対策が極めて優秀で、シャッター通りの要素が全くない。これは日本全国で見ても特筆すべき点で、この商店街受難の時代に、端から端まで歩いても距離や時間を感じさせない魅力を維持している。

　また商店街のメインストリートを避けて裏路地に新規オープンする店（特に飲食店）も多く、これは未だに街が膨張を続けている、すなわち街に需要がある証明だと言えよう。

　大山は板橋区の中では土地価格や家賃が高

遊座大山商店街の賑わい。大山といえば日本全国でも有数の巨大商店街。
平日でも常に活気があり、シャッター率も極めて低く、行政や他商店会の視察対象にもされている。

ハッピーロード大山商店街のアーケードとその枝道。

川越街道に面したハッピーロード大山商店街の入口。

いのだが、何故か物価は低く、生鮮品などは区内でも際立って安く買い揃えられてしまう。これは商店街が大規模ゆえに同業種が多く、スーパーや個人商店が経営努力によって販売価格を抑えているからだ。

それは飲食店も同様で、あまりにもライバルが多すぎるため、殿様商売をしていたらあっという間に客足が途絶えてしまう。そのため、他の土地では3万円程度は当たり前のフレンチのフルコースが、同レベルのクオリティなのに5千円で食べられるといった価格破壊が巻き起こる。ここから生まれたのが「板橋価格・大山価格」という言葉だ。

現在ではコストパフォーマンスに優れたグルメ街として認知されて来ており「同じ物を食べるなら交通費を考えても安い」と、わざわざ遠方から電車を乗り継いで、飲食目当てで大山を訪れる人も多い。

また大山の存在意義は商店街だけではない。東上線沿線に住む区民にとっては、大山駅が区役所の最寄り駅なので、そのルート上には様々な公的機関や会館が集中している。例えば税務署や保健所、文化会館やグリーンホールなどだ。

医療の面でも、健康長寿医療センターや豊島病院、川越街道を渡ると日大病院と、日本全国でも有数の優れた医療技術を持つ大病院が固まっており、23区1位の病床数を誇る板橋区にあって、まさに医療の中枢と呼ぶに相応しい。

さらに、街の中心から少し離れると公園が点在しているのも特徴的。中でも特筆したいのは交通公園だ。ここは子どもが交通ルールを学べるよう、敷地全面にリアルな道路が作られているほか、児童書が読めるミニ図書館として、都電やバスの実物が開放されている。

このように、商業・行政・医療・子育てと、あらゆる面で充実度の高い街なのである。

大山駅周辺の、昭和の風情を色濃く残す飲み屋街。ハッピーロード大山商店街アーケードと背中合わせに細街路が残されている。

板橋商店街の歩き方

03 中板橋・ときわ台・上板橋 地区

三者三様の商店街と優れた住環境

　東武東上線の中板橋・ときわ台・上板橋の各駅は、駅前に昔ながらの商店街や飲食店街が広がっており、それぞれ独特な雰囲気を持っている。

　まず、中板橋は昭和で時が止まったような超庶民的な商店街が特徴的で、生鮮品を売る商店の他に、総菜・おでん種・漬物・製麺店と、今では中々見られなくなってしまった専門店も多く残っている。ちなみに有名スーパーよしやの本社・本店所在地でもある。

　ときわ台は高級住宅地のイメージが強いが、それは駅の北側の一角のみ。南側は天祖神社が街のシンボルとなっている、誰もが馴染めるレトロな街並みだ。北は比較的オシャレな店が多いが、南には昔からの酒場等が多く、この対比がときわ台の最大の魅力だろう。

　上板橋は、活気のある商店街に加えて南北に大型スーパーがあり、日用品の買い物環境は完璧だ。さらに大きな公園が複数あるため、家族層向けの住環境だと言える。

天祖神社
鎌倉時代にまで遡れる上板橋村の象徴的存在だった天祖神社は、今もときわ台駅前のシンボルとして住民に愛され続けている。

川越街道五本けやき。
板橋区の景観重要樹木に指定されている。

上板橋南口銀座

上板橋北口

中板橋商店街入口

中板橋商店街。古くからの惣菜屋が並ぶ。

板橋商店街の歩き方03｜中板橋・ときわ台・上板橋地区

板橋商店街の歩き方

04 赤塚・成増 地区

新しさと歴史が同居する街

赤塚や成増は、板橋区の中でも特に古い歴史を持つ地名で、東武練馬駅も旧練馬宿の直近であり、間違っても新興住宅地ではない。しかし、この辺りは区内としては珍しく、近年になって開発が行われたため、比較的新しい街というイメージもある。

成増駅周辺は、生活に必要な施設が駅前ビルに集約され、無駄のない動線で生活ができる。商店街には有名チェーン店が多く、郊外のロードサイドを凝縮したかのようだ。

東武練馬駅周辺は、イオン板橋の完成を機に住宅地としての需要が急上昇し、こちらもショッ

上｜成増駅南口に連なる「なりますスキップ村」商店街。遠くに北口の成増ACTが見える。
下｜なりますスキップ村商店街と川越街道の交差点

イオン板橋と東武練馬駅北口交差点。前谷津川支流によって作られた谷があり、アップダウンが激しい。

ピングモール中心の郊外型の生活を、徒歩移動で楽しめる街へと変貌を遂げた。

　また赤塚地区には一通りの機能を備えた昔ながらの駅前商店街があり、区内でも特に物価が安い。加えて田遊びという奉納行事（重要無形民俗文化財）が守られている土地でもあり、大きな公園や自然にも恵まれている。静かな暮らしが欲しい方にうってつけの街だ。

赤塚一番街のとやと八百増

赤塚一番街

成増は北側は成増ACTを中心とした再開発都市、南は昔ながらの商店街と、駅を挟んで対照的な光景が見られる。

板橋商店街の歩き方

05 | 志村 地区

区内随一の郊外型商業地区

環八沿いのセブンタウン小豆沢をはじめとし、志村地区は郊外型の大型店への需要を一手に引き受ける格好になっている。

志村地区は、武蔵野台地の高台と荒川の低地との境にあり、区内でも有数の起伏の大きい場所である。また室町時代の文献に名前が出て来るほど歴史が古く、城跡まである。

しかし、時代の流れに合わせて街の中心地が変化し続けて来た土地でもあり、現在の街の形になったのは比較的最近だ。今も環八の開通に合わせて建てられた小豆沢地区のマンション群に人口流入が起きており、まだまだ変化の途中だとも言える。

この地域の代表的な商店街は志村銀座で、戦後のバラック時代から残る市場・第一ストアなど、昭和ノスタルジーを感じさせる店が散見される。

この商店街を別とすると、買い物環境は極めて郊外的で、複合型商業施設のセブンタウン小豆沢に志村ショッピングセンター、MEGAドンキや大型ホームセンターが集まっている。環七・環八・17号が交差する道路網に恵まれた土地だけに、買回り品を求めて自動車で訪れる人が増え、ここ何年かで街のイメージが激変した。

環八のMEGAドンキのオープンで郊外型ショッピングタウンの色合いが強まった。

志村一里塚

志村銀座

この上に志村城跡がある

志村城二の丸の跡地

建設ラッシュが起きた小豆沢や志村坂下地区には、真新しいマンションが集中している。

板橋商店街の歩き方

06 高島平地区

のんびり暮らせる団地の街

高島平一帯はマンモス団地で特に有名だが、実はこの街は団地だけで構成されている訳ではない。そもそも高島平は、昭和40年代に「お金に余裕のあるヤングエグゼクティブ向け」に売り出された、当時の最新型計画都市である。そのため、駅・道路・住宅・公共施設・学校・公園など、人々の生活に必要と思われる施設や交通機関がシンプルな動線上にまとめられており、丁目ごとに分譲・賃貸・高級住宅地と区分けされている。

こうした独自性の強い土地だけに、商店街や商業地区の形も区内の他の場所とは毛色が違う。例えば、団地の1階部分に生鮮品の商店が集められている地区もあれば、新高島平駅の北側の板橋市場周辺には、業務用スーパーなど専門性の強い店が集まっている。

このように異なる役割を持つ各区画は、並木道や公園で繋げられており、なおかつ高低差が少ないため、鉄道駅1～2駅の距離があっても、それほど苦もなく移動する事が可能だ。この辺りにも由緒正しい計画都市としての矜持が感じられる。

現在は団地の老朽化や住民の高齢化が問題視されており、区は対策を迫られているが、同時に板橋区内で最も変化やチャンスの種が潜んでいる地域でもある。

ダイエー西台店

高島平壱番街。北側住棟の1、2階が商業施設になっている。

高島平団地 DANmaCHI。高島平駅から続くペデストリアンデッキから続く、団地商店街入口。

「高島平団地」商店街の前に広がるお山の広場。

高島平商店会。高島平駅北口の商店街

高島平中央商店街

暮らしに触れてみよう

板橋団地ツアー

誰もが一度は名前を聞いたことのある「高島平団地」。
ここをはじめ、団地マニアの間でイチ押しの団地が集まっているのが板橋だ。
多くが70年代に建設された。ここで育った子どもたちも、いまは立派な社会人。
団地はすでに真新しい暮らし方ではなく、日本人の懐かしい原風景になりつつある。
無機質なコンクリートの塊ではない。人の暮らしが滲み出てくる、愛すべきすみか。
そんな団地を愛でながら日本中を歩く団地マニア・フォトグラファーの大山顕さんが、
板橋でとっておきの団地を紹介する。ひとつは日本最大級の「高島平団地」。
もうひとつは鉄道車庫の真上に浮かぶダイナミックな「都営西台アパート」。
最後に木立の庭園を囲む「サンシティ」。
どこも一度見たら忘れられない光景に出くわすだろう。

text and photo｜大山 顕

おおやま・けん｜フォトグラファー・ライター。1972年、埼玉県生まれ。「工場萌え」「土木萌え」などの火付け役として知られる。主な著作に『ショッピングモールから考える』（共著、幻冬舎新書）、『団地団――ベランダから見渡す映画論』（共著、キネマ旬報社）、『高架下建築』（洋泉社）など。

手前が高島平3丁目、奥に見えるのが2丁目の団地群。

板橋団地ツアー

01 | 高島平団地

この団地のキュートさに惹かれたのだと思う

一番好きな団地はどこか、と聞かれたらここだと答えるだろう。高島平団地だ。「団地マニア」なんて名乗って世界中の団地を見て回っている僕が、本格的に団地に目覚めたのはここを訪れた時だった。もう20年以上前のことだが、あのときの感動は今でもよく覚えている。千葉県は船橋市で育った僕にとって、高層団地自体は見慣れたものだった。だからこのとき高島平団地で感じたのは「珍しさ」ではない。たぶん僕はこの団地の「キュートさ」に惹かれたのだと思う。団地を、しかも高層のものを「キュート」と表現するとはどういうつもりか説明が必要だと思う。説明しようではないか。

　2丁目の棟を見てみよう。まず駅からも見え

❶ 2丁目の棟

❷ アールの使われた階段室

る通路側のテクスチャがいい[写真❶]。窓のように並んだ開口部。通路側がこのような見栄えになっている団地は他にあまり見ない。これを目にするたびに「ああ、高島平に来たな」と思う。そして近寄ると目につくのは丸められた角だ。棟両端にある階段部分の外壁に、いい感じにアールがついている[写真❷]。これと反対側のベランダのソリッドさとの対比がいい。よく見るとベランダの端っこはちょっとだけ角が立てられているのだ。さらに、その上に取り付けられた手すりのバランスが絶妙だ。もちろん色もいい。そういえば、塗り替え・修繕が行われて初めて訪れた時とはだいぶ色味が違う。棟ごとに微妙にテーマカラーが変えられつつ、しかし全体的には堅実な団地っぽい色味。とてもいい。

いずれも大々的に「デザイン」と呼ぶには些細だし、設計者はできることならもっと意匠を施したかったのではないかと思うが、この「限られた自由のなかでやった感」にぐっとくるのだ。標準的な設計から外れた意欲的なデザインの高層団地ならば、川崎の河原町団地や大阪の住吉団地などの例がある。これらはそれこそ「珍しい」物件だ。そうではなくて、いかにも団地でありながらよく見ると小粋な意匠が施されている、という点に団地デザインの真髄がある。高島平団地はその好例だ。

一方で、3丁目の分譲棟には正真正銘珍しい物件もある。各階2戸に1つのエレベーターが設置された棟[写真❸]。その外観はまるでゴシック教会に見られる伸びやかな飛梁（フライング・バットレス）のようだ。かっこいい。小さなタイルが丁寧に貼られているのもたいへん素敵だ[写真❹]。高島平団地というと2丁目がアイコンになっているが、給水塔が目印の第二分譲住宅の低層棟含め、さまざまな姿形の棟があるのだ[写真❺]。まるで団地の見本市のようである。

棟のデザインだけではない。配置もまた見所だ。というより、団地のデザインの本質はむしろレイアウトにこそある。「南面平行配置」と呼ばれる、南にベランダを向けて並べるレイアウトを基本としながら、棟の配置にはさまざまなバリエーションが存在する。たとえば2丁目の高層エリアを見ると、セオリーとは違っていくつか東西を向いたものがある。これらのおかげで敷地内に囲まれた空間が生み出されていて、それが高島平団地らしさになっている。「お山の広場」がまさにそうで、駅から商店を抜けて、子どもたちが遊ぶこの公園に出るシークエンスは高島平を代表する風景だろう[p.118-119]。活気ある中央商店街が広場に面しているのもいい[写真❻]。ほかにもL字型やV字型の棟があり、それぞれ異なる雰囲気を持っている。きっと住民の方々は自分の住んでいる棟から見える風景に愛着をもっていることだろう。

団地マニアの僕がことさら興味深く感じるのは、前谷津川緑道に面した棟が東西方向を向いている点だ[写真❼]。高島平団地出身の友人によれば、子どもの頃(昭和50年代)はこの緑道は川だったそうだ。現在も暗渠で下に流れがある。この川との兼ね合いで東西を向いた棟が建てられたのだろう。つまり、団地のレイアウトは地形を読むのである。敷地はまっさらなキャンバスなどではない。

『いえ 団地 まち──公団住宅設計計画史』(木下庸子＋植田実、ラトルズ、2014年)には、団地の設計にたずさわったURの方の「設計とは即、配置でした」という発言がある。曰く、棟が規格化されたおかげでどのようにレイアウトするか、

❸ フライング・バットレスのような階段室をもつ3丁目棟。

❹ 雁行配置によって、味のあるタイル貼り壁面が奥行き感をもって立ち現れる。

高島平3丁目　　　高島平2丁目

❺ 3丁目の低層棟。その先には富士山が望める。

という部分に注力できるようになったのだと。つまり団地の計画とは建築計画ではなく街づくりだったのだ。僕はそのことを知って感動した。そういえば以前、「赤羽台団地」の建て替えを見学した際に聞いた元URの建築士の方のお話は、建築家ではなく完全に都市計画家の言うことであった。団地は文字通り「団」であって、すなわち大きな面積をもっている。敷地が広くなるということは、地形や土地の由来を無視できなくなるということだ。そしてそれは配置に現れる。川の流れと折り合った結果が棟の向きに現れている。僕が団地を「キュート」だと思う理由である。

それにしても高島平のこの配置の贅沢さはすごい、とあらためて思う。高層棟が建ち並んでいるせいであまり意識されないが、これほど広場・公園が広い街並みはそうない。まわりの住宅街のひしめきっぷりと比べると建ぺい率（建築が覆っている面積の比率）の低さが際立っている。航空写真で見ると、高島平団地は緑色をしている。高島平団地とは公園である、といってもいいだろう。

❻ 2丁目団地1階にある中央商店街

先ほどの前谷津川の話で出てきた友人が、面白い話をしてくれた。クリスマスイブに、団地の廊下をサンタクロースが歩いているのを見たことがあるというのだ。「ほんとうにいるんだ！」と当時小学生だった彼は興奮したとのこと。「大きくなってから知ったんだけど、商店街の文房具やのオヤジが毎年扮装してたんだって」。棟のデザインもレイアウトもキュートな高島平団地だが、いちばんキュートなのは、ここで暮らした人たちそれぞれの物語なんだろうな、と思った。

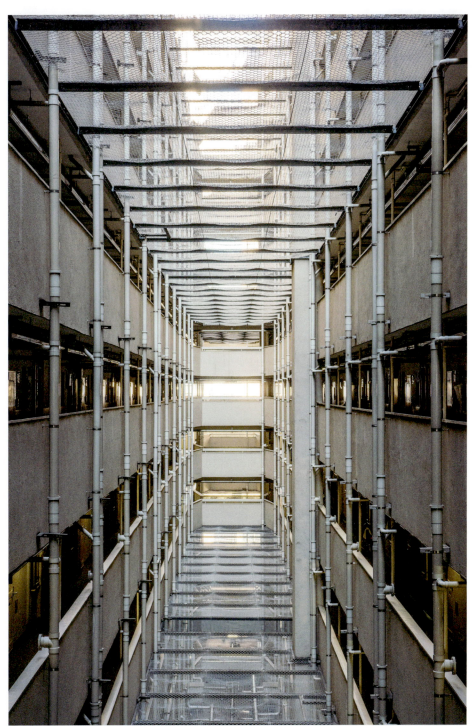

❼ 東西方向に配置された棟は中廊下タイプで、SFチックな景色が広がっている。

板橋団地ツアー

02 都営西台アパート

天空の城ラピュタは本当にあったんだ！

団地マニアの僕がよく聞かれる質問は「マンションと団地の違いって何?」というものだ。これに対して僕はいつも「マンションは商品、団地はインフラである」と答えている。答えになっているような、なっていないような言いぐさだが、なかなかいい定義だと自分では思っている。売らんがための意匠が施されていない、質実剛健な団地の佇まい。そこに僕は惹かれるのだ。実際、都市部の人口が急増し住宅が足りなかった時代に、公団や自治体によって建設された団地は文字通り住宅インフラそのものだ。民間デベロッパーによるマンションとはミッションが異なる。そんな団地の「インフラ性」を別の形でわかりやすく現しているのが都営西台アパート・西台住宅だ。

❶ 地上には車両検修場があり、巨大な構造体の上に住宅が4棟のっかっている。

　1986年に公開され、今なお人気の映画『天空の城ラピュタ』。僕のような40代の人にとってはジブリ作品の代表だ。当時、僕は中学2年生だった。友人と映画館に見に行ったのを覚えている。ご覧になった方も多いと思うが、物語の舞台となる空を漂う都市の名前が「ラピュタ」で、これはジョナサン・スウィフトの『ガリバー旅行記』からとられている。劇中に主人公パズーが「ラピュタは本当にあったんだ！」と叫ぶシーンがあるが、初めて西台アパートを見たときに僕も同じことを心の中で叫んだ。本当にあったんだ！

　都営西台アパート・西台住宅は、いわゆる人工地盤と呼ばれる巨大な構造の上に建っている[写真❶-❸]。スロープを伝って人工地盤の上にあがると、じつに天空感がある。確実に浮いている感じがする。まさにラピュタだ。このような人工的な地面の上に、4つも高層団地が建てられているのは本当にすごい。棟と棟の間には植栽が並んでいるのだが、そのいくつかはいわば巨大な植木鉢に入っている[写真❹]。このことも、ここが土から離れた天空なのだと思わせる。

　さて、もち上げられた地面の下はどうなっているのか。なんと都営三田線の車両基地である[写真❺]。都営の団地では、1階部分が都営の保育園だったり都営バスの操車場だったりすることがままある。下が商店街という団地も多い。団地とは「小さな都市」なので、何かとハイブリッドになるものなのだ。しかし、まさか車両基地とは。事業母体が同じ東京都だからこそできる驚異のコラボレーションである。これほどインフラ然とした団地も珍しい。

　僕はかねがね、多くの構造物は「単機能すぎる」と思っている。普通の建築では、住宅は住宅でしかないし、商店は商店でしかない。しかし、西台をはじめとして、団地にはときどき住宅以外の機能をもったものがある。白髭東アパートは防火壁の役割を担い、川口芝園団地は防音壁を

❷ 構造体は地上からつながり、大きなピロティの下を住人が行き交う。

❸ 車両検修場では、日常的な点検・検査・整備が行われる。人工地盤のおかげで風雨にさらされず作業ができる。

❹ オープンスペースの多彩な植栽

兼ねている。これらのように、物理的にボリュームをもって存在するということ自体を積極的に他の用途に利用してもいいのではないかと思うのだ。管理上の問題や法律の問題からなかなか難しいとは思うが。

　この団地と同時期につくられた「坂出人工土地」もまた、その名の通りもち上げられた人工的な地面の上に住宅が建てられた物件だ。香川県坂出市にあるこの人工土地を設計したのは、大高正人という建築家。1960年代のメタボリズムという建築運動に参画したひとりである。建築にとどまらず、都市をつくることに若い建築家たちが情熱を燃やした時代である。おそらく西台のこの団地建設にも、テクノロジーによって人が大地を生み出していくのだという当時の気概が影響しているのではないか。ラピュタは飛行石の力で浮いていた。だけど僕はコンクリートの柱と梁で浮かんでいる方がずっとかっこよくて奇跡的だと思う。

　今は駐車場になっているエリアには、かつて小学校が建っていたという。子どもたちにとって、まさにこの天空の人工地盤の上が世界のすべてだったわけである。その小学校にかつて通っていたという友人が聞かせてくれた話がとても印象的だった。人工地盤の下は駅前で交通量も多く、安全のために下に降りて遊ぶことは禁止されていた。その言い方が「下界に降りちゃダメですよ」というものだったというのだ。下界。西台の住民は天空の城の住民、天上人だったのである。

❺ 頑強な構造体が住人の生活を支える。

板橋団地ツアー

03 | サンシティ

それをくぐると視界が開け、目の前に森が現れる

中台にある集合住宅「サンシティ」は、本来は団地マニアの僕が紹介する物件ではない。公団や自治体などが建設管理するものではなく、民間デベロッパーによる集合住宅だからだ。建設開始が1974年、竣工が1980年というから、時代的にも高島平団地や西台アパートとは異なっている。要するにこれはマンションである。しかし、どうしても板橋の名品として紹介したかった。なにせ本当に素晴らしい集合住宅なのだ。ここに住みたい、と普通に思う。

　駅からサンシティへ向かうと、首都高の高架をくぐって敷地の入口に到達する。まずこのアプローチの光景が劇的でわくわくする。商業施設を抜けると階段・スロープの向こうにA棟がそ

びえ立っているのが見える[写真❶]。この1階部分が通り抜けできるようになって、サンシティのゲートの役割を果たしている。それをくぐると視界が開け、目の前に森が現れる。別世界に迷い込んだ感じだ。誇張ではなく、本当に森としかいいようのない圧倒的な緑[写真❸, p.130-131]。この森の周囲にAからJまで10の高層棟[写真❷]がぐるりと囲むように建っている。すぐそばを走る首都高の音はまったく聞こえない。高層化することで建蔽率を低くし、かつ広場を取り囲むように配置することでコミュニティの場をつくる、というまちづくりの教科書に出てくるような構成だ。学生時代にこのようなレイアウト手法を学んだこと

を思い出した。正直にいうと「そんな単純なことで上手くいくのだろうか」と疑ったものだが、サンシティを見て実感した。上手くいくのだ。

部外者がちょっと訪れて感じた雰囲気の良さをもって「上手くいっている」と断じるのは早計と思われるだろう。どっこいこのサンシティは集合住宅のコミュニティ研究などでしばしば取り上げられる、正真正銘の成功事例なのだ。築40年近くたった今でも住民によるイベントが盛んで、各集会所、カルチャーセンター、テニスコート、プール、バーベキュー場などの管理もじつにしっかりしている。もちろんどの共用部を見てもきれいに整頓されている。ここを実家として育ったかつての子どもたちが、家をもつ歳になってここへ戻ってくる例が多いという点にその実力が現れている。また、かなり早い時期から自治会のホームページが立ち上がっていて、ネットの歴史においても住民のためのサイトの先駆けとして特筆すべき存在だと思う。聞くところによると、神保町まで三田線で一本という便利さから、出版関係のお仕事をされている方々が多いそうで、職業柄ならではのカルチャーがコミュニティ意識の高さに関係しているのではないだろうか。今回、お住まいの方にお話をうかがったのだが、その方は建築の世界で活躍されている人物で、つまり自分でいくらでも好きに住宅をデザインできる

1 A棟がゲートであり、団地内環境を守る盾となる。

❷ 手前がI棟で、奥に見えるのがG棟。

職能にありながらサンシティに住んでおられるわけだ。このことひとつとってもここがいかに素敵な集合住宅かわかろうというものだ。

さて、一方で僕としてはここが素敵である要因のひとつとして、地形の面白さを強調しておきたい[写真❹-❺]。サンシティは武蔵野台地の端、小さな半島のように突き出た丘の突端に位置する。板橋区は地形的に大きく2つに分かれている。高島平や西台があるのは荒川が削った低地で、ときわ台や大山といった街は台地の上にある。首都高5号池袋線がほぼ崖にそっていて、サンシティはまさにその崖線上にある。ある意味とても板橋区らしい場所だ。一番低い敷地の北側、A棟のあたりで標高7.5m、一番高い南西のF棟のあたりは24.5m、つまり高低差が17mもある。以前は旭化成の敷地であり、住宅として開発するにあたってこの地形とどう折り合うか相当考えられたにちがいない。中央の森はまさに崖であり、つまり前述の巧みな囲み配置は、セオリーに従ったというよりは、造成上の問題からこのようにならざるを得なかったということかもしれない。いずれにせよ、地形をよく読んだ素晴らしい計画だ。僕は、いい建造物は地形に導かれてできあがると思っている。サンシティはまさにその好例であり、もしかしたら「地霊」が住民をして素晴らしいコミュニティをつくらせているのではないか。そんなことを妄想させるぐらい特異なマンションである。

❸ 竹林のプロムナード

❹ 地形を活かした水路。夏には水が流れ水遊びをする光景が見られる。

❺ 広がりのあるメインストリート

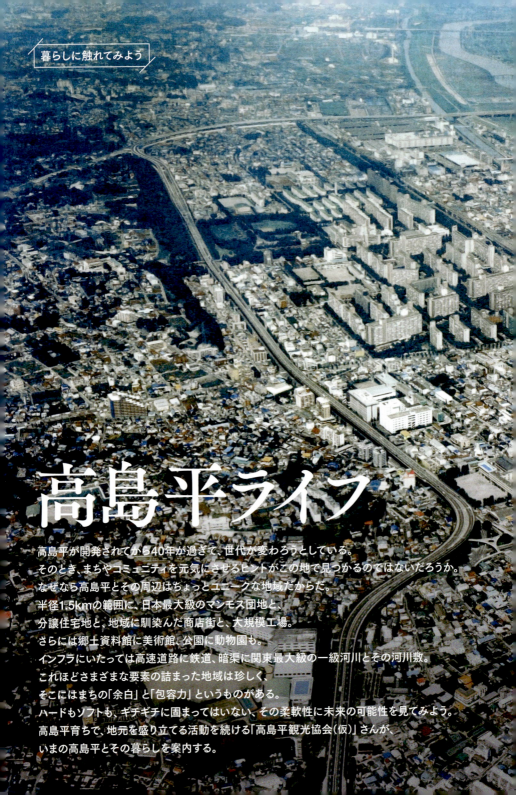

| 暮らしに触れてみよう

高島平ライフ

高島平が開発されてから40年が過ぎて、世代が変わろうとしている。
そのとき、まちやコミュニティを元気にさせるヒントがこの地で見つかるのではないだろうか。
なぜなら高島平とその周辺はちょっとユニークな地域だからだ。
半径1.5kmの範囲に、日本最大級のマンモス団地と、
分譲住宅地と、地域に馴染んだ商店街と、大規模工場。
さらには郷土資料館に美術館、公園に動物園も。
インフラにいたっては高速道路に鉄道、暗渠に関東最大級の一級河川とその河川敷。
これほどさまざまな要素の詰まった地域は珍しく、
そこにはまちの「余白」と「包容力」というものがある。
ハードもソフトも、ギチギチに固まってはいない、その柔軟性に未来の可能性を見てみよう。
高島平育ちで、地元を盛り立てる活動を続ける「高島平観光協会(仮)」さんが、
いまの高島平とその暮らしを案内する。

supervisor｜高島平観光協会（仮）

高島平地域の活性化を求める30-40代の有志が集まり2012年に結成したボランティアユニット。高島平の魅力を多くの人に向けて発信していきたいという想いで活動中。活動を通じて、若い世代の住民増加、多世代交流の活発化、地元企業の活性化などに繋げていき、地域の魅力をより磨くことにより、「高島平」という地域のブランディングを目指している。

1991年に撮影された高島平周辺航空写真［出典：『板橋区史』］

④ ぐるり高島平

text | 高島平観光協会(仮)

高島平のまちを説明するとき、切り離せないのが都営三田線だ。まちを東西に貫き、西高島平駅を終点とするこの三田線は、団地に先んじて地上に出現した高島平の背骨に当たる。そして中山道から伸びる高島通りが三田線の南側に並走し、その南と北でまちの様相が違っている。南には高島平駅から新高島平駅の一帯に団地が建つが、それ以外もほとんどが住宅街だ。北には商店街と住宅街が控え、さらに新河岸川流域には工場、倉庫などが多い。

西台駅から西高島平駅までの4駅にわたって伸びる緑のプロムナードは、いわば沿道に続く緑の公園。高島平駅に向かう途中からは、団地に沿って車通りの多い高島通りと住宅地を隔て、住環境を守る緑の壁になっている。40年以上かけて茂った緑は豊かで、三田線で高島平へ来ると、思った以上の緑にまず驚かれることだろう。

プロムナード(秋)。プロムナードの街路樹が高島平に四季の訪れを教えてくれる。

高島平駅。かまぼこ型のアーチ屋根がチャーミングな高島平駅。高島平の中心でもある。

高島平駅のモアイ柱。高島平駅の高架の南北の通りに面した柱が、どれも人の横顔になっていて、いつしかモアイと呼ばれるように。

④ 南 団地や公共・文教施設の集まるまちの中心地

団地V字棟。高島平団地に多い南向きの棟と東西に部屋が並ぶ棟以外に1つだけあるV字棟は、夜の廊下の照明がとにかく美しい。

　ではまず都営三田線から見て、南側へ行ってみよう。南側には、高島平駅の目の前に高島平の代名詞でもある「高島平団地」が林立する。幼稚園・保育園から大学までの文教施設が団地の周辺に置かれ、警察署・消防署・郵便局・総合病院・図書館などのまちに欠かせない施設は駅近に集中している。一方で、戸建住宅や小規模マンションも多く、多様なまち並みができている。

　高島平地域の南端は武蔵野台地の崖線であり、これに沿って走る首都高速5号線池袋線の高架が境界を強く意識させる。崖線から上(西台・徳丸・大門・赤塚)は、田遊びなどの神事が千年以上も続く、歴史ある地域である。

　高島平・徳丸・四葉・大門・赤塚の5地域に広がる「都立赤塚公園」は高島平の憩いの場だ。春はお花見、夏はバーベキュー、1年を通してスポーツも楽しめる。赤塚城址や郷土資料館、区立美術館などの文化施設は、区内の小学生は1度は訪れる。大門地区には区の花ニリンソウの都内最大級の自生地や、野鳥の保護区「バードサンクチュアリ」があり豊かな自然環境にも触れられる。

三丁目夏まつり。各町会が催す中でも新高島平駅前広場の夏まつりは活気があって、最後のナイアガラ花火とともに夏も終わりに向かう。

高架近くにあるホワイト餃子高島平店。千葉県野田市に本店があるホワイト餃子。稲荷ずしのような見た目の餃子が人気!!もはや高島平住民のソウルフード。

団地の柵。高島平の団地の廊下に設置されている柵にはチューリップとひまわりがモチーフに使われていて可愛いと評判。

親指のオブジェ。地元で「親指マンション」と呼ばれる不思議な建物は「日本のガウディ」の異名を持つ建築家・梵寿綱のデザイン。

都立赤塚公園(春)。満開の桜を見ようと区内外から人が集まる。

首都高5号線のY字橋脚。高島平の南端で見られる、ほぼ1直線のY字型橋脚はドボクマニア心をくすぐる。陸橋からの撮影がおすすめ。

区立美術館。23区内で区立美術館をつくったのは板橋区が初。

区立郷土資料館

❹ 北 商・工・自然が入り交じる板橋区のオアシス

三田線から今度は北側を見てみよう。高島平駅・新高島平駅は北口一帯に飲食店や商店が集まりにぎやかだ。高島平駅から少し歩いた所には板橋清掃工場があり、余熱を利用した温水プールやスポーツジム、熱帯環境植物館が隣接して建つ。さらに、子ども動物園高島平分園も近くにあって、家族で楽しめる区の施設が集まっている。

新高島平駅と西高島平駅の間は、中央卸売市場板橋市場とトラックターミナルが大部分を占めており、さまざまな問屋もあるのが特徴だ。

西台駅は他の3駅と違って駅前は南側にお店が集まる。北側には、三田線の車両検修場や国際興業バスの高島平操車場といった交通基地が所在するからだ。毎年2月14日過ぎにチョコレートの特売を行う芥川製菓もこのあたり。

高島平地域の北端は隅田川に流れ込む新河岸川。新河岸川を越えると住所は新河岸になるが、3つ並んだガスタンクは高島平からもよく見え、地域の風景として馴染んでいる。さらにもう少し行くと「いたばし花火大会」の会場にもなる荒川があり、そこがもう埼玉県戸田市との境界だ。荒川の河川敷では野球、サッカーなど行うために区内外から人が集まる。サイクリングや散歩・ランニングコースとしても人気のある場所だ。

区立子ども動物園高島平分園。ヤギやヒツジ、モルモットなどが飼育されていて、時間によってエサやりやふれあいも可能。

新河岸団地とガスタンク。特撮ヒーローのロケ地になったこともあり一部には有名な場所だ。

ニシキアナゴ。熱帯環境植物館の地下にあるミニ水族館には海水・汽水・淡水の魚たちやニシキアナゴが見られる。

国際興業バスの自販機。高島平操車場には、国際興業バスと同じ配色の自販機がある。

荒川河川敷。板橋Cityマラソンのスタート&ゴール地点や、凧揚げ大会の会場にもなっている。

❹ 東 西台駅前は地域一の繁華街

西台駅の東口改札を出て信号を渡ると住所は蓮根。駅前には飲食店が多く集まり、ダイエー西台店は区内の大型スーパーの先駆けで、長く区民から愛されている。新河岸川に架かる舟渡大橋付近は、いたばし花火大会のビューポイントでもあるが、普段は静かで散歩コースとしてもおすすめだ。さらに、隣の蓮根駅の方に向かえば、植村冒険館や城北交通公園などがある。

区立城北交通公園。都内でも数少ないD51や古い都バスが置いてあるほか、資料館にはジオラマもある。

区立舟渡水辺公園。西台駅から新河岸川にかかる舟渡大橋を渡ったところにあり、ドラマのロケ地としてよく使用されている。

植村冒険館。板橋区に住んでいた冒険家・植村直己の業績を紹介する展示や、植村スピリットを伝える野外体験企画を実施している。

❹ 西 端っこだけど東京を支える要所

さて、ぐるりと見てきた高島平ももう最後。三田線の終点、西高島平駅のその先は、三園地区。高島平の南端を走っていた首都高速が大きくカーブし、新大宮バイパスとともに2つの地域の境界線となっている。バイパスを超えると文明堂コンフェクトの工場があり、工場直売が人気で午前中は行列もできる。三園地域の約6分の1の面積を占める三園浄水場は荒川から水を引き込み、23区の東側一体へと水道水を供給している。白子川を越えるとその先はすぐに埼玉県和光市。

団地から見える富士山。団地の高層階などからは、西南西の方向に、秩父の山並みや富士山が望める。シルエットが夕空に映える。

高島平の歴史

高島四郎太夫砲術稽古業見分之図(1841年)［所蔵：板橋区立郷土資料館］

今の高島平がもつ魅力を見てきたが、高島平はどうやって出来たのだろう？ そもそも、「高島平」ってどういう意味だろう？ 高島平一丁目に位置する大東文化大学の飯塚裕介先生に、高島平の今昔を聞いてみた！

---

speaker｜飯塚裕介

めしつか・ゆうすけ｜大東文化大学専任講師・博士（工学）。1976年、東京都生まれ。板橋区在住。専門は建築計画学・都市計画学。高島平地域を対象とした様々な調査研究・社会貢献活動に取り組んでおり、高島平地域の街づくりを推進するアーバンデザインセンター高島平（UDCTak）ではディレクターを務める。

江戸時代

江戸時代の高島平地域は「徳丸ヶ原」と呼ばれる幕府の鷹狩場でした。荒川の氾濫原である低湿地で、腰までつかるような湿地帯と沼地だったので耕作にも適さず、なかば放置されていたようです。天保12（1841）年には、西洋砲術の威力に危機感を抱いて火砲の近代化を進めた蘭学者・砲術家の高島秋帆の発案により、この地で日本初となる洋式砲術と洋式銃陣による公開演習が行われました。「高島平」という地名は、のちに彼にちなんで名づけられたものなのです。

高島平ライフ｜高島平の歴史　145

徳丸田んぼ(1967年)

明治・大正期

明治になってからは水田化が進み、「徳丸田んぼ」「赤塚田んぼ」と呼ばれる、見渡す限りの広大な水田地帯の広がる東京屈指の米どころとなりました。水田の多くは高島平地域の南に広がる武蔵野台地の西台、徳丸、四葉などに住む地主たちが、麓の平地を開墾したもので、台地の上と下の町名が共通するなど、深いつながりがありました。今では住宅地の広がる高島平ですが、少し前までは農業の大変盛んな地域だったのです。

戦後～高度経済成長期

高島平が大きく変わったのは、1964年の東京オリンピック以降のことでした。1970年代に、東京への人口流入による住宅不足解消の受け皿として、また都心への流通拠点として、この地域の土地区画整理が行われたのです。高島秋帆の名にちなんで「高島平」と名づけられたのもこの頃でした。都心から15kmという好立地ながら、交通機関の不整備と低湿地帯ということで、開発から取り残されていた高島平。これは一方で、無秩序なスプロールから温存されていたともいえ、大規模開発を行うのにうってつけだったのでしょう。

まずは1967年に新大宮バイパスが一部開通し、1968年12月には地下鉄6号線(現・都営三田線)の志村駅(現・高島平駅)～巣鴨駅間が開業しました。インフラが整備されたのちに、日本住宅公団(現在のUR都市機構)によって賃貸住宅8287戸と、1883戸の分譲住宅を合わせた総戸数1万戸超の住宅地 ―― 高島平団地が建設されたのでした。

従来、団地といえば5階建ての中層棟が主流でしたが、高島平では当時の技術とノウハウを結集して、14階建ての高層団地が建設されました。住棟の低層部には6つの商店街と2店舗の大型スーパーが入居し買い物も便利だったことでしょう。また、小学校・中学校・高等学校といった教育機関に加えて、図書館・警察署・消防署・出張所(地域センター)・病院などが整備され、何をするにも自転車で10分以内という充実した生活環境が整えられました。都心へのアクセスがよかったことから入居希望者が殺到し、多くの若年層世帯が入居しました。

見渡す限りの田んぼばかりの農地だった土地が、ほんの10年足らずの間に総戸数1万戸以上の市街地に生まれ変わったわけです。似たような成り立ちの団地は他にもありますが、かなり短期間かつ大規模に生じた点が、この地域の成り立ちの特殊な点だといえるでしょう。

高島平団地を上空より望む(1972年)

高島平団地遠望(1972年)

「高島平人」に聞く
高島平を愛する人たちに教えてもらった高島平のリアル

text｜高島平観光協会（仮）

テレビなどの特集では「高齢化」が注目されがちな高島平。確かに高齢の人も多いが、それはつまり、このまちが魅力的だから長く住み続けてしまうということ。
そこで、高島平が好きで地元愛に溢れる、「高島平人」のみなさんに、ズバリ聞いてみることにした。
「高島平ってどんなまちですか？」

親はビアパブオーナー、娘はアイドル。代々、高島平愛を引き継いでいます！

峯岸貴一さん（ビアパブキリギリス店主）
[高島平歴40年]

「高島平の魅力は、とにかく生活するのに便利というところですね。駅を中心にして、病院、地域センター、ホームセンター、区立のスポーツ施設や公園もあって、近くで大体のことが済ませられる。遊び場も多いから子どもたちも過ごしやすいし、親も近くで用が済むから、親子で一緒にいられる時間が多くとれる気がしますね。
　自分としては、個人経営の飲食店が多くあって、グルメな人や、お酒が好きな人にも満足できるところがいい。娘がアイドルとしてデビューしていることもあって、お店にはファンの方もたくさん来てくれるんですが、そういうことは関係なく通ってくれる地元のお客さんも多い。飲食好きな人が多いまちなのかもしれませんね（笑）。」

高島平団地ができてから、親子2代で、団地商店街の喫茶店を営んできました。

阿部 剛（珈琲館イヴマスター）
[高島平歴46年]

「西台駅から西高島平駅まで、三田線と平行に続くグリーンベルトはぜひ見て欲しいですね。団地のイメージが強い高島平ですが、熟成した自然を楽しめる空間が多いです。店の窓からも見えるので、その借景でコーヒーを楽しんで。下町ほど踏み込まない、ほどよい距離間の近所づきあいも団地ならではのバランスで心地いいです。」

呉服屋でありながら編集長。
和の文化を媒介に地域交流をめざします。

三井 真（呉服や光永店主・『きものしんぶん』発行人）
［高島平歴33年］

「新しいことに取り組み、風習やしきたりも大切にするのが高島平スタイル。『きものしんぶん』では創刊号からずっと成人の集いを撮影していますが、晴れ着や紋付き袴姿も多く、毎年80％前後と高い参加率です。友や町を愛する若者が多いですね。さまざまな地方の出身者が集まる団地だからこその気風もあるかもしれません。」

適度に田舎。適度に都会。
ローカルで楽しめるのが魅力です。

馬渕かおる（ベリデリごはんまるうま店主）
［高島平歴43年］

「新しいものが好きで、行動力のある人が多い気がします。それでいて結構シャイ。ただ、一度つながるとすごく盛り上がる。そのせいか、高島平って、独特の進化をしている『ガラパゴス』なまちだと思います。そのうえ受け入れ態勢も万全で、いろいろなことをどんどん吸収し続けて、まちが日々変化していくのを感じますね。」

高島平生まれ高島平育ち、
地元で仲間とBARを始めました。

依田強志（BAR JOKERマスター）
［高島平歴34年］

「高島平にBARがなかったので、それなら自分達で作っちゃおうって始めました。自分の店が、同じまちに住む人達の架け橋になればと思って。他の地域から来たお客さんに『いいまちだ』って言われると嬉しいですね。大人になっても居心地が良いまちで、地元愛の強い人が多い。どんな年代も受け入れられる許容範囲の広いまちですよ。」

「守りたいのはこのまちの人たち」
もうひとりの高島平人。

高島ライダー（正義の味方）
［高島平歴？年］

高島平を愛する高島平人のひとりとして忘れちゃいけないのが「高島ライダー」だ。駅前の放置自転車を整理したり、子ども達と「高島ライダー体操」をしたりしながら、平和的に高島平を見守っている。地元イベントなどに登場して場を盛り上げるが、普段はなかなか会えないレアキャラ。出会えたらぜひ名刺をもらおう。

高島平商店会キャラクター。地名の由来である高島秋帆（たかしましゅうはん）がモチーフで、背中に大砲を背負うが、礼儀正しく、戦闘はほとんどしない。LINEスタンプも販売中。

高島平ネオ空間

text｜飯塚裕介

いま団地がアツい！
団地から発信する未来の暮らし

築年数の古い団地の多くは住民の高齢化と建物の老朽化という2つの老いの問題を抱えている。高島平団地はその立地を活かして、既存の空間に新たな価値をプラスした「高島平ネオ空間」とでも呼ぶべき空間によりこの問題を克服しようとしている。ここでは賃貸で行われた2つのケースを紹介しよう。

MUJI×UR
団地リノベーションプロジェクト

1つめは無印良品を展開する(株)良品計画とUR都市機構によるリノベーションだ。ここはプロジェクト2年目に手がけられており、東京では初となる。

40年以上の月日により、住居に求められる機能や性能、デザインなどは大きく変化してきている。このプロジェクトでは、今どきの家族構成やライフスタイルに合った新たなプランをつくり、素敵な空間を提案している。団地ならではのゆったりとした住棟配置、40年もの時間が醸成した緑豊かな環境や充実したコミュニティなどのよさとあいまって、世代を超えて惹きつける住環境を生んでいる。

たとえば、部屋タイプRe+008では2DKの各個室をつなげて一室空間にした上で、これを広々としたLDKとして使用することもできるし、軽い間仕切り壁を使って空間を仕切り、書斎や寝室などライフスタイルにあった空間をつくれる。団地を古臭いと敬遠しがちな若者世代もこんな部屋だったら住みたいと思うのではないだろうか。

ゆいま〜る高島平

UR都市機構と(株)コミュニティネットが団地内の空き室を活用して開設したサービス付き高齢者向け住宅(略してサ高住)だ。一般的なサ高住は、一棟まるごとサ高住になっていて、建物内にスタッフが常駐しているもの。だが、ゆいま〜る高島平では、高島平団地2-26-2号棟(121戸)内に分散した42戸の空き室を高齢者向け住宅として改修し、別棟のサービス拠点にいる常駐スタッフがサービスを提供する仕組みを採用することで、自由でありながら見守りのある暮らしを実現している。こうした「分散型サ高住」を初めて実現したのが高島平団地であった。

子どもや孫の近くに暮らしたいが、都心にはサ高住が少なく、あっても高額になる。高島平団地で分散型サ高住が実現した背景にはそうしたニーズがある。また、URにとっても、高齢化する住民にそのまま介護・医療サービスを受けられる環境(介護事業者や医療機関との連携)をつくれることや、空き室活用や団地再生に役立つことといったメリットもある。

日本最大級の団地で、コミュニティが活発で緑も豊か。都心に近いが程よく距離があり、地形も平坦で見通しがいいといった高島平団地の特徴には、さまざまな取り組みを受け入れる余地があるのではないか。今後も、こうした未来志向の取り組みがなされ、高島平団地から日本の未来の住まい方を発信してゆくことになるかもしれない。

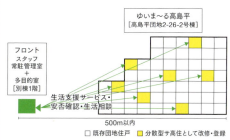

高島平団地で実施されている分散型サ高住のイメージ

 # 高島平マルシェ

text | 高島平観光協会(仮)

地域の未来は誰もがチャレンジできる気風にあり！
若いパワーが切り開く高島平の未来

高島平のまちが誕生して50年近く、団地の子どもたちがまちに溢れていた時代と比べると、高島平の祭りは全体的にトーンダウンしているかのように見える。しかし、じつは今、高島平では「若い世代が楽しめるイベント」が、若い世代を中心に起こりつつあるのをご存知だろうか。ここでは、そんなイベントのひとつとして「高島平マルシェ」を紹介したい。

「高島平マルシェ」は高島平駅北口に広がる高島平商店会が主体となり、「若者が活躍でき、年齢性別を問わず住民が積極的に参加できるイベント」をめざして2015年12月にスタート。高島平駅東口の高架下広場を会場に、毎年5月と12月に開催する。実行委員会のメンバーには、商店会に店を構える店主や地元で育った若者、地元の主婦（平均年齢30歳代）が集まり、現在は8人で

企画・運営している。

　高島平マルシェの特徴は、なんといっても若い世代が楽しめるお店が集まること。それは、マルシェに来た人にワクワクしてもらえるようなオシャレでこだわりがある店を、区内・区外から実行委員のネットワークを活かしてバランスよくセレクトしているから。過去にはイタリア料理やワイン、窯焼きピザ、クラフトビール、日本酒、無添加のパン、コーヒー、有機野菜などの食べ物のほかに、ハンドメイド・アクセサリーやヨーロッパ古着、植物、雑貨などの出店者が集まった。さらに、さまざまなジャンルの音楽ライブやワークショップも加わり、「高島平でこんなにオシャレなイベントができるのか！」と地元でも評価はうなぎのぼりになっている。

　最初の頃からくらべて、子どもも食べられるメニューやワークショップなどが増え、次第に知名度も上がり、近隣地域からも多くの人が参加するようになってきた。普段は区外で遊ぶ若者たちが立ち飲み用のテーブルを囲んでワインやビールを片手に語り合う姿の横で、さまざまな世代の人たちが行き交い、自然と多世代交流も生まれている。ライブの合間には子どもに人気の高島ライダーも参加して盛り上げるし、12月には、商店会恒例の歳末福引セールに合わせて会場内で福引も行われる。普段は閑散とした高架下に、こんなに人が溢れかえるなんて誰が想像しただろう。

　開催するたびに高島平に新しい風を取り込む「高島平マルシェ」以外にも、赤塚公園では高島平育ちの若者が主催する「ブリッジパーティ」という音楽イベントが根づきつつある。高島平の未来から当分目が離せない！

text | 飯塚りえ

板橋の子育て談義

マムスマイル
https://ameblo.jp/mamsmile-tokyo

2016年4月に発足し、現在400人ほどの会員がいるママコミュニティ。「ママたちがやりたいことをみつけるきっかけを作りたい」という思いから定期的にお茶会、イベント、レッスンを開催し、地域情報紙も発行している。これからもママたちが活躍する場をどんどん増やしていく予定。

板橋の暮らしを考えるとき、子育ての環境はかなり重要なポイントだ。板橋は、23区内で保育園の入園決定率ランキング3位(「保育園を考える親の会」調べ)を獲得。民間の活動も活発で、区を挙げて子育てを支援しようという気運が感じられる。今日は、そんな区の雰囲気を体現するかのようなママが集まる「マムスマイル」にお集まりいただき、板橋の子育て事情を語っていただいた。

「マムスマイル」からご参加いただいた皆様
井上沙織／奥村理恵／菊地玲恵子／鈴木紀美子／田原麻衣／寺田香澄／羽根美津保／松本初夏／南 彦希／宮越裕子／森脇由香／山口寛子／米村恵子／坂東愛子／八重樫華代／森 真弓（五十音順・敬称略）

子育て以前にはずせない、出産／病院事情

――最近は、多少改善されていますが、ひところ生む場所がない、ということがニュースでも話題になりましたが、板橋の出産事情はいかがでしょうか？

A｜私は区内の医院で出産しましたが、設備も整っていて、快適(笑)に出産することができました。実際、板橋区には、荘病院、板橋中央総合病院、帝京大学医学部付属病院、高島平クリニックなど、有名な産院がそろっています。特に、高島平クリニックは、芸能人の方の出産があったり、お城のようなラグジュアリーなつくりが大人気。いわゆるセレブ産院ですね。

B｜他にも、小さな産院がたくさんありますね。産院探しに苦労するという話はほとんど聞かないので、出産の環境は整っていると思います。

C｜成増のはうおり助産院は、母乳育児を支援するためのおっぱいケア(母乳を出やすくするための乳房マッサージ)で、有名ですね。子どもを預けて施術をしてもらえるので、板橋区全域から、ママが来院するようです。

D｜産後、家事や育児の補助には区も力を入れていて、育児支援ヘルパー派遣事業やファミリーサポートといったサービスがあります。里帰り出産をしない人にはありがたいサービスだと思いますね。

E｜区の支援では他にも「2・3か月児の母と子の会」というママ同士の交流会があります。やはり初めての出産だと、いつ、どこに出かけたらいいか、など不安になりますが、同じくらいの月齢のママが集まれるので、私も一度参加しました。わからないこと、漠然と不安に思っていることを話せるので、安心しました。

── 病院の充実度はいかがですか？ 赤ちゃんってすぐに熱を出したり、風邪を引いたりしますし、やはり病院に行く機会も増えますね。

G｜私は、誠志会病院に行っています。帝京大学や日本大学など、大学病院の先生が診療にあたってくれるのですが、クチコミなどがないせいか、あまり混むこともなく、待たずに診てもらえます。

H｜慈誠会浮間舟渡病院も穴場だと思いますよ。すごくきれいで最新医療も整っていて、内科、外科だけでなく、耳鼻科、眼科といった専門科もあります。板橋は、実は23区の中で病床数1位というだけあって、病院がたくさんあるせいか、「知られざる良い病院」がけっこう、ありますね。

板橋区の児童館・保育園

── 少し大きくなってくると、お出かけがしたくなりますが、皆さんは最初にどちらに行かれましたか？

I｜今は「公園デビュー」はもう古い（笑）。最近は、児童館デビューですね。私は4ヶ月でデビュー。ハイハイしている頃は、まだ公園に行きにくいけれど、でも家に子どもと二人でいるのは、息が詰まります。児童館は、ほんとオアシスでした（笑）。

J｜板橋区内には26ヶ所（2018年3月現在）あるので、どこに住んでいても、近くに必ず一ヶ所はあります。そこで近所のママと知り合うことができました。今でも情報交換をしています。

K｜うちも6ヶ月くらいのときにデビューしました。公園は、小学生などもいて遊びにくいのですが、児童館には乳児、幼児といった小さい子だけの部屋があるので、安心できました。それぞれの児童館で季節ごとにイベントやレッスンがあるので、調べて興味のあるものに行くんです。あちこちの児童館に行きました。

I｜富士見台の児童館では、ねんねアートや、おててアートなどに参加しました。私も、各館のプログラムを見て、その日に行く場所を決めていました。もうひとつ、

いろいろな場所に行ってわかったことですが、児童館によって、来ている子どもの数に差がありました。多分、周囲の子どもの数に比例するのだろうと思って、保活の参考にもしていました。

——板橋でも保活はシビアですか?
A｜そうですね。他の区と同様、待機児童は少なくありません。ただ、数年前から、小規模保育園という2才児までの認可保育園が増えたので、多少改善されました。昨年ぐらいから、内閣府認定の認可外の企業主導型保育園もつくられ始めています。マムスマイルでも今年から企業主導型保育園を開園しますし、少しずつ、保育園に入りやすくなってくるかと思われます。

気負わず行ける公園、遊び場

——児童館以外に、遊び場としてはどんなところがありますか?
L｜板橋区立のこども動物公園は、東板橋に本園、高島平に分園がありますが、1才前でも楽しめるので、子育て中に行かないママはいないというくらい、人気の場所です。
P｜広々としていて遊具もありますし、ポニーやヤギに触ったりして、大人もかなり楽しめます。しかも無料です!

こども動物園本園(東板橋公園内)

M｜中台にあるサンシティ[p.130]は、都内でも有数の大型大規模マンション群ですが、この中に森がありアスレチックのような施設も設置されています。人工池などもあって住民の方でなくても利用できるので、穴場だと思います。

N｜上板橋駅近くの板橋区立教育科学館は、小さい子でも楽しめる科学遊具がありますね。うちの子は、少し大きくなってからは季節の星座をテーマに毎月プログラムが変わるプラネタリウムを楽しみにしていました。プラネタリウム以外は無料です。

O｜西台公園の長〜い滑り台は、大きい子も大人も大満足！公園内は、込み入った感じもなく、ゆっくり散策しても気持ち良いですよ。

C｜区内には大きな公園が点在していますね。東武練馬と高島平の間にある都立赤塚公園[p.142]は噴水でジャブアブ水遊びができます。

O｜それから科学館裏手の区立平和公園、蓮根駅近くの区立城北公園内には交通公園もあって三輪車・幼児用補助つき自転車を貸してくれますし、ミニSL、蒸気機関車、都バスの実物が展示

板橋交通公園

されていて見学したり遊んだりすることができます。浮間舟渡駅の都立浮間公園ではお花見が楽しみです。

──お出かけしていると、小さいお子さん連れでランチの場所に悩むことがありますが、オススメはありますか？

G｜イオンスタイル板橋前野町は、今までのイオンよりもオシャレで気に入っています。1階にはキッズスペースがあってハイハイの子どもを遊ばせることもできます。体操教室もあるので、何かと通う場所になっていますね。

L｜西台のおいしい野菜塾は私のお気に入りです。ホテルに勤めていた方がシェフをしていて、無農薬の野菜、ハーブを使った料理がいただけます。レストランはガラス張りで子どもを見守りながら庭で遊ばせられるんです。

E｜私もよく行きました。庭には小さな電車が置かれていて、イチゴ狩りのハウスやボルダリングのできる場所も作ってあります。優雅にご飯を楽しめる場所だけど、子どももウェルカムという貴重な場所です。よく、芸能人も見かけます！

K｜板橋の子育て支援センター、ベビー＆ビーンズは、そ

城北交通公園

平和公園

教育科学館

の名の通り、子育ての相談をしたり、ワークショップに参加したりといろいろできる場所です。ランチは、離乳食と大人用がセットになっていて1000円と手ごろです。

N｜志村のハートダイニングホール・スマイルは、メニューにカロリーと栄養素が表示されているなど健康に配慮したメニューを提供してくれる店です。子どもを遊ばせながらランチができるので便利だし、安心できます。

H｜志村三丁目のフェリチータは、オシャレなイタリアンだけど、乳幼児もOK。子どものメニューもあります。月に1回子ども食堂を展開していて、ピザを焼くところを見せてくれるなど、子どもに優しいお店ですね。

「板橋子育て」の魅力は？

──こうして伺うと、地域に密着したお店、大きな商業施設などバランスよくあって、地に足のついた子育てができる、という印象です。

O｜ちょっと行くと、公園があるのは魅力です。しかも、ヘビ公園、ほね公園など、ネーミングからしても特色があり、楽しいです。

M｜私は、出産後に板橋に越してきたので、街を知りたくて、自転車であちこちまわりました。荒川の土手など、空が広くて気持ち良いし、足を延ばせば石神井公園などにも行けました。子連れでピクニックしたり、けっこう優雅にすごせたかなと（笑）。
B｜花火大会があったり、あちこちに桜並木があったりと、身近で四季を楽しめるのも板橋の良さだと思います。
J｜23区内ではあるけれど、都会過ぎず、地域での子育てもしやすいですよね。
A｜ママコミュニティサークルもありますし、行政の支援も手厚いと思います。私たちもますます楽しく、充実した子育てができるように、活動を広げたいと思います。

会場｜カフェトモチート｜赤塚2-7-6
手作り感のある店内。子連れママもよく集まっている。

板橋の子育て談義　　159

クルドサック・ハンティング
板橋屈指の住宅街「常盤台」の謎を探る！

speaker｜飯塚裕介

板橋区内のいろいろな地図を見ていると、あるまちの不思議な道路に気がつく。メインストリートから少し飛び出していて、先で道路が円を描いている。鍵穴のような、カタツムリの目のような、不思議だがすこし可愛らしい形状だ。一見行き止まりのようだが、よくよく見ると裏に抜ける路地がある。人が1人通れるくらいの小路だ。
　この袋路の正体を探るべく、板橋に所在する大東文化大学で、都市や建築の研究をされている飯塚裕介先生に話を伺った。

袋路の正体は「クルドサック」

——ここはどうして道がロータリー状になっているのですか？

飯塚｜あれは「クルドサック(cul-de-sac)」という行き止まり道路です。フランス語で「袋小路」を意味します。行き止まりをつくると効率よく宅地が確保できる場合があるのですが、行き止まりだと車がUターンできない。それを解決したのがクルドサックなのです。常盤台住宅をぐるっと回る環状のプロムナードと、そこに点在する袋路のクルドサックによって、常盤台の住宅地内には通過交通が発生しにくく、住民に無関係な車があまり侵入しない街路パターンになっています。

分譲当初の常盤台住宅地案内図 ［所蔵：小林保男］

——奥にある歩道は何ですか？

飯塚｜「フットパス」という、街区の反対側への抜ける道です。クルドサックやフットパスは、街区を大きくして住宅を効率的に配置しながら、同時に生活者の利便性や安全性を確保するための工夫として設けられたものなんです。他に、プロムナード沿いに「ロードベイ」と呼ばれるオープンスペース（公園）もあり、人々が集い憩える場所も計画されています。

板橋の田園調布「常盤台」

——あまり見たことがありませんが、よくあるデザインなのですか？

飯塚｜もともとイギリスで考案されたものなのですが、日本では珍しいデザインです。クルドサックのあるこのまちは「常盤台」という高級住宅地です。一部からは「板橋の田園調布」とも呼ばれているほどで、このまちだからこそ見られるデザインと言えるでしょう。常盤台はまち全体を一列植樹のプロムナードがぐるっと回っていて、その両側に邸宅が並ぶ閑静な住宅街です。最寄りの東武東上線・ときわ台駅のロータリーは緑豊かで、噴水や銅像、時計台があるなど、沿線の他の駅とは趣が異なります。駅も青い

現在のクルドサック

瓦屋根に大谷石張りの壁と、小洒落た古い駅舎です。目抜き通りを除いて道は緩やかにカーブしていて、奥を感じさせる雰囲気は、このまちが並々ならぬ思いを持ってデザインされたことを感じさせてくれます。
──常盤台のまちはどのようにできたのですか？

飯塚｜常盤台住宅地が分譲開始されたのは1936年のことです。1920年頃に開発された大田区田園調布などが成功を収めたことを受け、東京の各地で新しい住宅地開発が起こりました。ここもそうした住宅地のひとつです。当初の売り文句は「健康住宅地」で、特別高級というわけではなかったのですが、次第にそうなっていったそうです。仲宿から中板橋まで区画整理が終わっており、次に手を付けられる場所がここだったんですね。

開発事業者は東武鉄道でしたが、道路計画は当時の内務省役人の小宮賢一が行いました。この頃はイギリスの都市計画理論が全盛で、そのひとつとしてクルドサックが取り入れられたのだと思います。

上｜フットパス　下｜ロードベイ

街路・街並みを未来へ残す

飯塚｜常盤台住宅地に見られるクルドサックのような特徴的な街路パターンは、他ではあまり見られない珍しいものなんですよ。
──板橋区といえば団地が有名ですが、そんな珍しい住宅地もあるとは知りませんでした。

飯塚｜常盤台住宅地では分譲とほぼ同時期に建築内規を設け、街並みに配慮した建築しかつくれないよう定めて来た歴史があります。その後、内規はだんだんと薄れるのですが、1990年代後半に住民主導で「常盤台まちづくり憲章」を、2008年には「ときわ台景観ガイドライン」をつくり、景観保護につとめています。しかし規則をつくったから自動的に街並みが残り続けるわけではありません。まずはいろんな人にまちに興味をもってもらい、次にその価値を知ってほしいと思っています。
──そのためにも、まずはクルドサック・ハンティングからですね！

飯塚｜ええ、実現した5つ全部が残っているので、ぜひ歩いて見つけてみてください。

常盤台住宅地のプロムナード沿いの街並み

Itabashi
Mania

4

板橋の味を知ろう

板橋
グルメの世界
―
復活！
志村みの早生大根

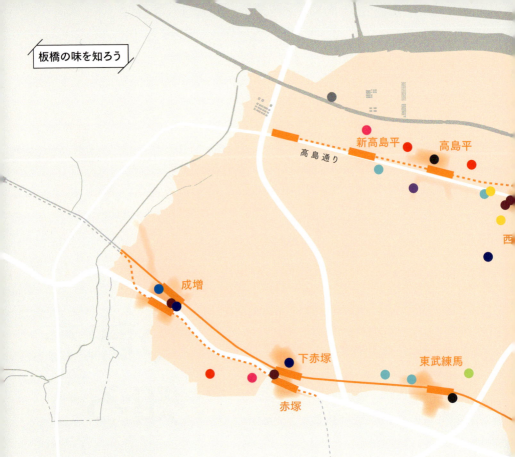

| 板橋の味を知ろう |

板橋グルメの世界

「板橋グルメ」というひとつの世界がある。
そこでは「旨くて安い」がスタンダード。
特別な日に肩肘張って食べる店ではなく、普段から通いたくなる店がある。
昭和の時代によく食べた、懐かしのソウルフード店も健在。
地元に愛されてきた名店を例に挙げながら、地元グルメライターが板橋グルメの世界を語る。

text｜荒井禎雄／刈部山本／高橋法子／塚はなこ／ロザリー

板橋グルメは安くて旨くて多彩

text｜荒井禎雄

　板橋区のグルメ事情は独特で、赤羽や立石といった飲兵衛の聖地のような強烈な色がない。そのお陰で「程ほどに安いだけで個性がない」というイメージを持たれがちなのだが、実は板橋を発祥地とするグループや食のジャンルは数多い。

　具体例を挙げると、激辛ラーメンの祖である上板橋の中本[p.183]。環七ラーメンブームの中心となった常盤台の土佐っ子。神保町ボンディを輩出し、欧風カレーというジャンルを定着させた西台のインディラ[p.175]。他にも、ビリビリ系担々麺ブームを巻き起こした栄児家庭料理は北園高校の目の前の小さな中華屋で、東京一のトルコ料理と評された阿佐ヶ谷のイズミルも、元々は板橋宿不動通りの裏路地のこじんまりした店だった。また和菓子の分野にも、いちご大福の元祖と言われる一不二[p.188]がある。このように、板橋発の飲食店にはジャンルの柱がなく、和洋問わず選択肢が満遍なくあるためインパクトが弱い。よって「安い」「板橋価格」以外のイメージが定まり難いのだ。

　板橋はどうしてそうなったのか。ひとつ言えることは、地価の安さと人口のバランスから、日本人でも外国人でも様々な挑戦が可能だという点だ。そして挑戦的な店が成功すればそれが新ジャンルのスタンダードとなり、グループ化する基盤にもなる。そうした理由から、板橋は飲食文化の実験・出発に適した土地だと言えよう。この環境に慣れた区民は気付かぬ内に舌が肥え、自然とイマイチな店は淘汰される。それを長年繰り返して来たのが「板橋グルメ」なのである。

区民が選んだ「板橋のいっぴん」

　板橋区では、地域の方々に愛され親しまれている和洋菓子、お惣菜、パン、お酒などを区民から募集し、2018年2月末現在、64商品を「板橋のいっぴん」に認定しています。いずれも創意と工夫を凝らしたものばかり。今回紹介するグルメの中にも、板橋自慢のいっぴんが多数登場します。

昭和の味が残るまち

text｜刈部山本

　板橋を歩いていると、昭和から続く懐かしい店が軒を連ねる商店街によく出会う。それもシャッター通りではなく、活気で溢れた商店街だ。そこには最近姿を消してゆく昭和な飲食店もしっかり残っている。その味は相変わらずのウマさで、ある世代にとっては懐かしのソウルフードだ。

　こうした商店街やその周辺にある個人店の多くは今、店主の高齢化や建物の老朽化により、減少傾向にはある。それでも続けている店が多いのは、地元利用客が多いからだろう。それは大型店が出店してくるような大規模再開発が少なかったからかも知れない。また昨今はSNSなどで情報が拡散し、リアル昭和な味や雰囲気を求め区外からも客がくるケースもあるが、それは一時的なことで、続けられるのは地元客のリピーターによる部分が大きい。そのリピーターを大切にしながら、若手後継者にうまく引いでゆく老舗もある。そこに実力派の個人店や個性派のグループ店が新規開店して、商圏のポテンシャルが保たれている。賃料が都心部ほど高くなく、かといって郊外過ぎない地の利も板橋の特徴だろう。

　今ではかえって貴重となった、あっさり味の醤油ラーメンやしっとりとしたチャーハンは、懐かしい味であると同時に、今日まで生き残った現代に通じる味でもある。時代や場所柄のニーズに合わせ出来てきた店々は、そこに住む人々と共に歩み、まちを代表する味となってゆく。

「板橋グルメの世界」ライタープロフィール(50音順)

荒井禎雄（あらい・さだお）｜p.95

刈部山本（かりべ・やまもと）｜ライター。1975年、埼玉県生まれ、板橋区在住。TBS「マツコの知らない世界」出演で「板橋チャーハンの人」として知られる。郊外や路地裏にある町中華・定食等の大衆食をミニコミやWEBで紹介。ホットペッパー「メシ通」連載。ギャンブルめし愛好家としてラジオ出演。2018年5月、『東京「裏町メシ屋」探訪記』（光文社知恵の森文庫）を出版予定。

高橋法子（たかはし・のりこ）｜板橋経済新聞ライター。平日は会社員。都営西台アパート入居開始から板橋区に住み続けている2児の母。小中高と板橋ジュニアリーダーとして活動したり、過去には区内の子育て情報サイトの管理・運営も行う。食べ歩きや銭湯巡りで区内のあちこちに出没する。

塚はなこ（つか・はなこ）｜板橋区在住の企画編集ライター。旅行・食べ歩き・飲み歩きが大好き。いいものを広く伝えたいという想いで、ライター活動を行っている。

いたばし区のばら ロザリー｜板橋区在住。ブログ「いたばし区のばら2」を運営。2017年、板橋区・大東文化大学共同研究「地域デザインフォーラム」のシンポジウムで板橋の魅力情報発信のベテランとして登壇。時々、雑誌やテレビ等にもロザリー名で出演。「板橋三大カレー」「板橋価格」等の言葉を残す。

「板橋グルメの世界」の掲載内容は、掲載店舗の協力を得て、2018年2月末までの情報に基づき作成しています。本書の印刷及び発行後、情報・価格等が変更・改定になる可能性があります。また、店舗・料理等に関するコメント、表現、感想その他の記載については、客観性を尊重しておりますが、購入者の嗜好性や満足感などを保証するものではありませんので、あくまで参照情報、あるいは目安としてご利用くださいますよう、あらかじめご了承ください。

板橋グルメの世界　text｜刈部山本

01 町中華

今話題の、しっとり系「板橋チャーハン」

戦時中、満州から引き上げてきた人が現地で習得した中華を提供する店もあったが、多くは日本式にアレンジされ、これまであった大衆食堂と融合して、日本独自の中華定食を提供する、どこの町にも1つや2つはあるような中華料理店(いわゆる町中華)のスタイルが確立される。味の素に代表される旨味調味料の普及と呼応するように、昭和30年代から昭和50年くらいまで、駅前を中心に住宅街へと広まっていった。

駅前に商店街が発達したのは何も板橋に限った話ではないが、殊に東武東上線の成増～池袋間は、戦後の早い段階で駅前に商圏が出来上がり、バブル以後の再開発に必要な用地が取りづらくなったことで、昭和からの個人店が軒を連ねる駅前商店街を維持させる結果に繋がったと見ている。さらに、駅前商圏から離れた場所も宅地開発され、都営三田線側と東武東上線の間を通る道沿いにも、商店が多く生まれ、昭和30年代から増えた小規模飲食店が現役で営業する姿が散見できる。

板橋チャーハンの世界

町とともに成り立つ町中華。数あるメニューの中でも、ラードで一気に煽り米の水分を閉じ込めしっとりと仕上がったチャーハンは、安く旨く腹持ちの良いことから働き盛りの若者を中心に受け、町中華を代表するメニューとなっていった。今は本場がもてはやされてパラパラに仕上げる傾向が町中華にも押し寄せているが、板橋では昔ながらのしっとりチャーハンを出す店が軒並み残っているため、TV番組「マツコの知らない世界」出演の際に「板橋チャーハン」と名付けさせてもらった。

光が丘公園近くの**ふなせ❶**は、衒いのない王道中の町中華チャーハンに出会える。通りの街路樹の木漏れ日が眩しい昼下がり、つい頼みたくなるのがビール。こちらはおつまみとのセットがあるのだが、これがなんと大皿一杯に丸く囲まれた大ぶりのチャーシュー。瓶ビール1本では足りないくらいの数で、脇に添えられた名物煮玉子も見た目に可愛らしい。

❶ ふなせ

④ 丸鶴　　⑤ 龍王　　⑤ 龍王

　ときわ台駅と志村坂上駅を結ぶ坂の途中にある前野町の**丸福**❷は、ハムが郷愁を誘うチャーハン。細かく刻んだチャーシューを乗せているのが特徴で、角切りの玉ネギが入っていて、しっとりと甘いご飯との相性がバツグン。野菜炒めなど一品モノも充実し、まったり飲むにも最適。チャーハンに半ラーメンの付いたセットがあり、ラーメン専門店ではまず味わえないスッキリした優しい味のラーメンがチャーハンと同時に楽しめる。

　遊座大山商店街を山手通りに抜けたところにあるのが**まるよし**❸。夜遅くまで営業する街道筋のカウンターだけの店。チャーハンは途中からナルトを入れないスタイルになったが、TV出演を期に復活。店の基本の味となるスープを入れたまろやかなチャーハンが秀逸。さらに生麺を茹でた焼きそばも頼みたい。シコシコの麺にチャーハン同様スープを加えて炒めたそれは、塩焼きそばのよう。味付けはあっさりめでもコク深く、他所では味わえない逸品。

　ハッピーロード大山を抜け川越街道を渡った先にある**丸鶴**❹は、創業50年の老舗。キチンと下ごしらえされたレタスを用いたレタスチャーハン他、半分以上をチャーシューで埋め尽くさんばかりのチャーシューチャーハンは、区を代表するほどの名物と化している。ご主人は少年時代から中華の道に入った筋金入りの職人で、鰹など魚介ダシの旨みがガツンと前に出ている濃厚スープのラーメンや中華もりの他、肉に精通し専門店にも負けないトンカツなどの肉料理も充実している。

　JR板橋駅近くの旧中山道沿いにある**龍王**❺は、昨今見かける中国出身者がつくる中華料理店とは一線を画している。日本の、それも板橋の地元客に合わせ、本場の技も見せつつ、日本人の口に合わせた味付けで人気を博している。長時間に亘り半額で180円になる酎ハイや、580円のスタミナ丼など、安さは群を抜いている。ただ安いだけでなく、トロトロになるまで長時間揚げたナス揚げなど手間もかけている。それが人気となり、チャーハンと合体させたナスバター炒飯を新作として作り上げるなど、進化し続けている。

❶ ふなせ　　❷ 丸福　　❸ まるよし

❻ かさま

商店街や裏路地に佇む、地元民に長年愛されてきた店

仲宿の先の板橋本町商店街で一際渋い佇まいが目を引く**かさま**❻には、ソースカツ丼がある。関東では玉子とじのカツ丼がポピュラーだが、福井や会津若松でみられるような、サラッとした甘めのウスターソースにくぐらせた代物。旅行先で偶然出会い、メニューに取り入れたという。丼の上に2枚も大きなカツが乗り、迫力満点、お腹も満腹になること間違いなし！

仲宿から王子方面へ抜ける道にあるのが**龍峰**❼。本格中華のような佇まいとは裏腹に、半チャンラーメンなど馴染み深いメニューがリーズナブルに楽しめる。しつこくなくサッと炒められたチャーハンはハムが入っているのが嬉しい。付け合せのスープはコク深く、実にまろやか。ベースとなる中華スープのダシがしっかりと取られている証拠。なのでラーメンも間違いない一杯。

高島平駅北側の市場通りにある**暫**❽は、テーブル席メインでワイワイ飲みながら過ごせる居酒屋中華で、居心地バツグン。一品料理や定食も

❼ 龍峰　　❼ 龍峰

⑧ 暫

⑧ 暫

充実し、幅広いニーズに応えてくれる。肝心の中華メニューも秀逸で、特にチャーハンは大きめにカットされた甘いニンジンが入っており、しっとりとしたチャーハンの甘みとコクを引き立たせている。

天宝❾は、市場通りを西台方面へ進んだ先、東急ストアー前を少し入ったあまり目立たない所にあるが、地元に40年愛された店。板橋のいっぴんにも選出された「とんとん餃子」はモチロンだが、なんといっても半円にこんもりと盛られたヘルメット型の真っ白なチャーハンが印象的。

あっさりしているようで、米の甘みが油でギュッと閉じ込められた一杯で、量的にも満足できること受け合いだ。

❾ 天宝

❾ 天宝

掲載店リスト ❶ ふなせ｜赤塚新町3-12-12　❷ 丸福｜前野町4-17-2　❸ まるよし｜大山東町31-1　❹ 丸鶴｜大山西町2-2　❺ 大衆中華料理 龍王｜板橋1丁目49-3 ライオンズマンション1F　❻ 中華かさま｜本町25-8　❼ 龍峰｜仲宿38-1　❽ 暫（しばらく）｜高島平7-23-5-103 コーポ滝之上1F　❾ 中華料理 天宝｜高島平9-20-13

板橋グルメの世界01｜町中華　　171

板橋グルメの世界

02 大衆食堂

朝昼晩、和洋から中華まで。区民の胃袋を満たしてきた食堂

戦後、食糧事情が良くなり、欧米に追いつけ追い越せで経済成長していく中で、西洋料理が好まれるようになる。戦前の高級店から徐々に広まりを見せた洋食も、戦後日本人の舌が慣れるようになって、家庭料理としても取り入れられるようになったこともあり、大衆洋食として浸透していく。これまで存在した和定食を出す食堂も、中華のほかカツレツやスパゲティなど大衆的な洋食を取り入れ、和洋中取り混ぜた定食屋として、町中華同様に地元に根づいていく。東武東上線の成増やときわ台など古くからある駅前の他、労働者の集う工場周辺の舟渡地域などにも定着していく。さらに、多店舗展開する洋食店さえ板橋では地域密着型で独自に進化している。　text│刈部山本

地域に根ざしたスタイルを確立する地域食堂

text│刈部山本

成増駅南口の**大衆食堂やまだや❶**は、長年地域を見守ってきた老舗。古色蒼然とした店内には、手書きメニューがビッシリ。焼魚にフライなどメニューは家庭的だが、どれも素材の旨味が際立つプロの技が光る逸品ばかり。酒のアテに濃い目の味が染みたトロトロの煮込みやフワフワの玉子焼きを口にする瞬間が、まさに至福の一時。常に客が絶えず活気にあふれる駅前食堂だ。

区の北東端となる浮間舟渡駅近くで、近隣の工場や倉庫関連の労働者に親しまれている、**まつや食堂❷**。夜勤明けで一杯飲んでご飯を食べて帰る客のために、朝早くから営業している。定食はふっくらと焼かれたサンマやサバを炊きたての銀シャリで頬張れる他、油の甘みが噛みしめるたびに感じられる厚切りハムステーキと、種類豊富に揃っている。酒のツマミや中華メニューも充実した、頼もしい大衆食堂。

ときわ台駅北口ロータリーすぐにある**キッチンときわ❸**は創業55年。オムライスなど洋食以外に中華も揃い、夏場は冷やし中華も。なんでもありの食堂と侮るなかれ、味は本格派。しっかりと揚がったメンチカツは、中の肉肉しい

❶ 大衆食堂やまだや

❶ 大衆食堂やまだや

④ 美味しん坊

学生街を中心に波及した老舗洋食キッチン
text｜荒井禎雄

ハンバーグとビターなデミグラスソースのマッチングが見事。手作りの確かな味が引き継がれる町の名店だ。

中山道と環七が立体交差する板橋本町脇にある洋食店が**美味しん坊**④。組み合わせメニューが多彩かつリーズナブル。ハードに揚がったチキンカツとジューシーなハンバーグのコンビには半熟目玉焼きとカレーがかかるなど、男子ウケ間違いなし。オカズの単品も頼め、サワーや生ビールと合わせても千円でお釣りが来る。日暮れ時には仕事帰りのお父さんが続々集まってくる光景が名物となっている。

洋庖丁⑤は、板橋1丁目の店を1号店とし、区内では大山、区外では高田馬場、池袋（元は江古田）といった学生街を中心に店舗展開した、地元民に愛され続けているキッチン形式の洋食屋だ。お店のイメージやコンセプトは、キッチン南海、カロリー、ジローなど、神保町を代表する老舗の有名店に近い。

こうした歴史ある洋食キッチンには不思議な特徴がある。過去に何か繋がりがあったとしか思えぬほど、メニューが似ているケースがあるのだ。例えば、洋庖丁の看板メニューのからし焼きやスタミナ焼きは、全く別の店にも似たような名称で同様の物がある。

この秘密を解くヒントを与えてくれたのが、板橋の穂高鮨で偶然居合わせたキッチンABC（池袋の人気店）の経営者だ。「ウチもここの大将もそうだけど、キンカ堂のレストラン出身者かもよ」とのこと。「衣料・手芸用品のデパート」として親しまれた池袋キンカ堂のレストラン出身者が何人も独立して各地に店を出しており、特に池袋や板橋界隈には、その流れで開業した店が多いそうだ。そうした店の間には、レシピも含めて人の行き来があったと考えられる。

⑤ 洋庖丁

掲載店リスト　❶ 大衆食堂やまだや｜成増2-19-3　❷ まつや食堂｜舟渡2-20-1　❸ キッチンときわ｜常盤台2-6-1
❹ ランチハウス美味しん坊｜板橋本町駅｜大和町14-10　❺ ランチハウス 洋庖丁 板橋本店｜板橋1-48-3

板橋グルメの世界　　　　　　　　　　　　　　　　　　　　　text｜ロザリー

03 ｜ カレー

板橋区は本格カレーの隠れた聖地

アジア人も多い板橋区には、本格的な自国の料理を出す店が多い。とくに特有のスパイスと料理方法による本格ネパール料理店が人気だ。スパイスで素材の味を活かした、素朴な味のエスニックカレーが気軽に味わえるのは嬉しい限り。
　日本のカレー勢も負けてはいない。茹でたジャガイモとバターを最初に出すことでお馴染みの神保町を起点とした欧風カレーの草分け、ボンディ系列店のルーツは、実は西台のインディラにあるのだ。

ネパールから板橋へ

大山の路地裏に、20年も前から本格ネパール料理を出す大御所、**マナカマナ**❶がある。20年も存続するのは、並大抵のことではない。入店して納得、オーナーの経営手腕、料理研究家としてのセンス、スタッフの誰が休んでも同じ味とサービスを提供し続ける平均点の高い組織力、ネパールのプライドを感じさせる味。そこへ行けばどんな人も満足するよ、と言われる量の多さも嬉しい。ネパールの蒸し餃子「モモ」は注文を受けてから皮から手作りされる。自慢のカジャセットは、ネパールの味が複数楽しめる。
　上板橋の**Spice食堂**❷は、気軽にネパール料理を食べられるレストラン。ホスピタリティ豊富なネパールと日本の両スタッフの醸し出す温か

❶ マナカマナ　　　　　　　　　　　　　　　❷ Spice食堂

❸ インディラ

❹ ラ・ファミーユ

い雰囲気も、この店の味である。ネパールの定食「ダルバート」は、手で食べる日本人客も増えて来たと言う。確かに手で食べると、口にカレーが入る食感が柔らかくなりご飯が進むので、ぜひ試して欲しい。

昭和板橋の
ヌーベルキュイジーヌ

45年前、**インディラ**❸で厨房に立っていたフランス帰りのシェフが、ブラウンソースと30種類のスパイスで開発した欧風カレー。クラシカルな内装、喫茶店風でゆったりとしたテーブル、自然な甘みと適度な刺激の上品な味のカレー、チーズの乗ったライス、ランプ型の高級感溢れるソースポット。それはまさに昭和時代の板橋では、初めて食べる味だったと思うのだ。その後シェフは、神保町ボンディをオープンし、昭和を代表する欧風カレーの雛形を築いた。

同じタイプのカレーを出す**ラ・ファミーユ**❹も西台。店主の注文が入ってからの動きの無駄のなさは、己のカレーに対する愛と自信の表れに見える。カレーは、トマトやりんごの自然な甘みを感じる。スパイスと野菜の甘みのあわせ方は、流石である。また、店内を優しく包み込む太陽光が、雰囲気の良さを演出している。

❹ ラ・ファミーユ

掲載店リスト | ❶ **マナカマナ** | 大山東町59-20 2F | ❷ **Spice食堂** | 上板橋1-27-6 | ❸ **インディラ** | 高島平1-74-10 日東ビル 1F | ❹ **ラ・ファミーユ** | 高島平1-49-1 すずきマンション 1F

板橋グルメの世界　　　　　　　　　　　　　　　　　　　　text｜ロザリー

04｜本格中華

四川料理パラダイス、板橋区

本場中国大陸の人が食べている形に近い料理を提供する本格中華。板橋区には全国レベルの実力を持った中華料理屋が、隣の池袋に負けないほど多数存在する。残念ながらここで紹介できない実力店も多くあるが、板橋区は横綱級が多過ぎるのだ。なかでも、陳建民で有名な赤坂四川飯店出身の大御所、西の芝蘭、東の剣閣を筆頭に、四川料理の名店が揃っている。本場の麻辣味が板橋で堪能できる。

赤坂四川飯店出身の横綱達

地下鉄赤塚駅から徒歩5分。大通りから一本曲がった住宅街。冬でも上着を抱え、汗を拭きながら歩くサラリーマンをよく見る。その先にある**芝蘭❶**の名物「陳麻婆豆腐」は、食べてもそれほど痺れず、美味しいので一気に口に入れてしまうが、いきなり麻辣味の襲撃に合う。時間差で麻辣がやって来るものだから、油断して頬張った麻婆豆腐の逆襲で、汗がどんどん出て来る。

❶ 芝蘭

それがヤミツキになるのだ。この店の真髄が唸るほど味わえるコース料理もおすすめ。

新高島平駅から徒歩5分。立派な建物が見えて来たらそれが**剣閣❷**だ。150席、無料送迎バスもある40年の老舗。店構えがゴージャスなだけでなく、実力も兼ね備えている。麻婆豆腐や担担麺はもちろん、昭和時代から宴席として利用されて来たため、宴会料理も得意。甘辛い独特のタレは、まだ本当の中国を知らなかった頃の板橋区民達の心を本場中国に連れて行ったに違いない。

❶ 芝蘭

天才、栄児家庭料理の メインシェフが復活

新板橋駅から徒歩3分。2017年夏、彗星のごとく登場した**粒粒香**❸。2016年10月、冬、四川風汁なし担担麺ブームを作った栄児家庭料理板橋本店がひっそりと閉店した(支店は健在だが、本店味ではない)が、その厨房に立っていた任氏が、今、粒粒香で腕をふるっている。ビリビリ来る本場の花椒と手作りのラー油を惜しみなく使い、その刺激と実力に病み付きになる。一品料理も大変手間をかけているので、紹興酒と共に味わって欲しい。

気負わず気楽に カウンターで担担麺

新板橋駅から5分。濃厚な担担麺が食べられる**破天荒**❹の店主は元パティシエで、気まぐれで学び始めたと言う中華料理に転職し、独立したという経歴の持ち主。本場風に花椒が効いた汁あり担々麺のスープは、8種類以上の香辛料の絶妙な配合で作られ、見た目もアーティスティック。 汁なし担担麺は濃厚なタレを麺に絡めて食べれば、揚げタマネギのアクセントと共に甘みと痺れが口に広がる。出来合いの調味料に頼らず、癖になる味を生み出している。

掲載店リスト ❶ 芝蘭(ちーらん)｜赤塚新町3-3-20　❷ 剣閣(けんかく)｜高島平7-32-5　❸ 粒粒香(りーりーしゃん)｜板橋1-46-8 1F　❹ 破天荒｜板橋4-12-2

板橋グルメの世界

text｜荒井禎雄

05 洋食レストラン

ハイクオリティな洋食をリーズナブルに味わえる板橋価格の名店

近頃「板橋価格」という単語が間違った用法でひとり歩きしているように感じる。ブログや書籍でその単語を広める一翼を担った人間として言っておきたいが、「板橋価格」とは安かろうの意味ではない。賑わいの割に地価・物価が落ち着いている土地だからこそ、高品質の物を他よりも何割か安く手に入れられる。それが本来の意味なのだ。

これをより深く理解するには、少々額面の高い飲食をしてみるのが手っ取り早い。そこで、ここでは区内でも特に「板橋価格」を感じる洋食の名店を紹介したいと思う。

ミシュラン店

飲食店を計る基準のひとつにミシュランガイドがある。その中のビブグルマンは「良質な食事を手頃な価格で楽しめる店」がコンセプトで、まるで板橋の店のためにあるようなカテゴリーだ。

大山の**セレーノ**❶は、何年も連続でビブグルマンに選出されているイタリアン。夫婦で経営しており、生産者から直送される食材を夫が調理し、シニアソムリエの資格を持つ奥さんがワインを薦めるという見事な役割分担で、ハイクオリティなサービスを提供している。

ミシュラン掲載店と言えば、常盤台の**カッチャトーレ**❷は創業50年を誇る名店である。店のつくりが独特で、レストランとバーの2種類の店が1つに合体したかのよう。古い木造建築の店内は雰囲気の良さがズバ抜けており、最高のロケーションだと評したい。

また元宿場町の仲宿にもミシュラン店**ラ ファミリア**❸がある。ここは上記2店に比べると比較的新しいが、気楽に使えるジビエが得意なイタリ

❶ セレーノ

❷ カッチャトーレ

❸ ラ ファミリア

④ ビストロ クレール
⑥ ラ・クッタリーナ
⑤ ブラッスリーMORI
⑥ ラ・クッタリーナ

アンとして人気。肉料理が目立つが、里芋とゴルゴンゾーラのグラタンなど、野菜・根菜メニューにもキラっと光る逸品アリ。

地元民が愛する名洋食店

大山の商店街から離れた場所にあるフレンチの名店**ビストロ クレール**④。仕事の確かさは同業者にも認められており、某調理師会の理事を務めていた和食店の店主が「若いのに仕事が素晴らしい」と好んで通っていたほど。通常コースは、最も高い内容でも5,000円程度と、料理のクオリティを考えれば破格と言っていい価格設定。

元々板橋郵便局の裏手で営業していた**ブラッスリーMORI**⑤は、建て替え工事のために一時大山へ移転。すると新たに常連客が多数付いてしまい、結局元の店と大山店の2店舗を維持することに。味も盛りも良く、メニューのバリエーションにも富み、料金はお値打ちと、様々な用途で使えるためランチもディナーも大人気の庶民派レストランである。

店の絶対数の問題から、どうしても南部の情報に偏りがちだが、高島平にも地元民が愛してやまない名イタリアンがある。**ラ・クッタリーナ**⑥はカジュアルに楽しめるイタリアンだが、ソムリエが選ぶワインに、パティシエ特製の日替わりデザートと、サービスのクオリティには信頼が置ける。それでいてフルコースでも4,500円と見事な板橋価格。バーカウンターもあるので1人でも楽しめるお店だ。

掲載店リスト
① トラットリア セレーノ(Trattoria Sereno)｜大山東町52-14 内田ビル1F　② カッチャトーレ(CACCIATORE)｜常盤台3-23-7
③ ラ ファミリア(La Famiglia)｜仲宿48-7 コスモ板橋グレイスアベニュー1F
④ ビストロ クレール(Bistro Clair)｜大山町11-9 小田ビル1F　⑤ ブラッスリーMORI(Brasserie MORI)本店｜板橋2-41-5 1F
／大山店｜大山東町45-2 2F　⑥ ラ・クッタリーナ(La Catalina)｜高島平8-5-6 Office805 B1F

板橋グルメの世界

06 ラーメン

幹線道路沿いの濃厚背脂から全国区の激辛まで。超人気店が集積

高度経済成長期に入り、物流はこれまでの船や鉄道に代わってトラックなどの陸送が発達する。板橋区内には荒川に沿うように巨大な工場や倉庫街、市場が形成され、都心部とを結ぶ幹線道路が整備された。さらに荒川の向こう、埼玉の戸田市など、郊外へ向け物流拠点が広がり、郊外と都心を行き交う物流が板橋を通るようになり、ドライバー客を当て込んだようなロードサイド型飲食店が勃興するようになる。中でも環七はラーメン戦争と称された一大ムーブメントが起こり、ラーメン渋滞と呼ばれる現象にまで発展した。 text|刈部山本

ドライバーを魅了する豚骨スープ
text|刈部山本

環七ラーメン戦争を代表する店として、いの一番に上がるのが土佐っ子。ときわ台駅と中板橋駅の中間の環七沿いにあり、夜の営業時間ともなれば、アチコチから人がやってきて、道路に沿って十数人毎の列が何重も出来た。土佐っ子の醍醐味は、濃い醤油ダレの豚骨スープに雨アラレと振り掛けられる大量の背脂。横長の店一杯に客が並び、1列分の十数杯の丼に、一気にチャッチャと目の前で背脂をかけるライブ感がタマラナイ。全員食べ終わると後ろの列の人と交代というゆっくり食べられない魔のシステムだったが、働き盛りの若者がカロリー補給にパッと食ってさっと帰る立ち食いスタイルが逆に受けたのだろう。

98年に閉店するも、土佐っ子の元従業員など、土佐っ子の味を引き継ぐ店は今なお板橋区内にも残っている。土佐っ子跡地に一時営業していた**下頭橋ラーメン**❶は、現在、常盤台の住宅街にある。ワイルドすぎる背脂ラーメンの基本を守りつつ、洗練された一杯を提供している。下赤塚駅前にある**じょっぱりラーメン**❷は、なんと土佐っ子の元副店長の店。丼にも土佐っ子の文字が記された一杯は、往時を凌ぐ背脂量で、土佐っ子を知らない世代を驚かせ、オールドファンも唸らせている。背脂と濃厚スープとのバランスを重視した塩ラーメンや、生姜を利かせたつけ麺など、進化系背脂ラーメンを開発する一方、飲める店としても人気だ。

川越街道や中山道などの幹線道路が発達した板橋区内には、前世紀まで道路沿いに土佐っ子に代表される豚骨醤油ラーメンの店が多く出店した。ただ味を真似て、スープを薄くした店は撤退していったが、キチンと独自の味を作り上げた店は町に定着し、営業を続けている。西台の

❶下頭橋ラーメン

② じょっぱりラーメン

高島通り沿いにある**J'sラーメン**❸は、その名の通りバーにしか見えない外観。しかしラーメンは舌にネットリとまとわりつく濃厚豚骨スープで、トロトロのチャーシューは今なお輝きが失せない。さらに「こってりで！」と注文すれば、表面に背脂を浮かせてくれる。

大番❹は豚骨醤油味で区内に数店舗展開。川越街道から城北中央公園の方に入ったところにある桜川店は、さっぱりした口当たりながら店外にまで香るほどの本格的な豚骨スープが楽しめる。カレーや炒飯などサイドメニューも充実し、飲める店ともなっている。

中山道沿い、板橋区役所至近の**百麺**❺は、豚骨醤油の中でも、横浜から広がった家系ラーメンのような太麺が際立つ見た目。しかし食べてみると豚骨が非常に強く出た一杯で、細麺にするとまるで本格博多ラーメン。油量や麺の硬さなど好みに応じてくれ、自分なりの味にカスタムして楽しめる。

21世紀のWスープとその後
text｜刈部山本

一方、青葉・武蔵といった魚介系で素材を吟味した店に影響を受けた店主が、魚介系と動物系のスープを合わせた"Wスープ"のつけ麺をメインに据える、小さな個人店を始めるケースが2000年頃から続いた。その中でも早い時期からその腕に注目が集まったのが**欣家**❻。つけ麺の瑞々しい自家製麺は、魚介の風味と豚骨・鶏ガラ出汁のマイルドな味わいの効いたつけ汁と共に、スルスルと胃に消えていく。卓上の柚子も実に合う。

❸ J'sラーメン　❺ 百麺

❼ morris

❼ morris

❽ 大勝軒 西台

❾ 道頓堀

❿ 慶次郎

こうした流れに引っ張られるように、板橋区内にも続々Wスープ系のつけ麺屋が誕生した。その中では後発ながら、自家製麺と素材感の前に出た有無を言わせぬ圧倒的な旨みを放つスープで実力を見せつけるのが**morris**❼だ。

つけ麺を考案したとされる東池袋大勝軒も注目を浴びた。店主だった故・山岸一雄氏が中野大勝軒在籍時代に、賄いとして出したものがつけ麺の原型。その中野大勝軒出身の店が、**大勝軒 西台**❽だ。西台に根を下ろす老舗で、元祖の中の元祖の味が体験できる。

1984年住宅街に創業し、2003年に成増駅近くの川越街道沿いに移転した**道頓堀**❾は、山岸氏に多大な影響を受けたようだが、煮干や鰹節をかなり効かせたスープに、油が層を成す程にコッテリ感をプラスし、独自のラーメンに昇華させている。

ラーメンの食材にも濃厚煮干しなどトレンドが生まれ、料理として進化する中、再び豚骨醤油に脚光が浴びる。デカ盛りでジャンクかつワイルド、独特の注文システムで中毒者を生んだラーメン二郎だ。それに触発された店が全国規模で発生し、ガッツリ系が1つのジャンルになった。**慶次郎**❿は区内屈指のガッツリ系の雄。濃厚まぜそばの泥そばも魅力だが、自家製極太麺に身厚な煮豚、しっかり豚骨系出汁の濃厚スープが堪能できるラーメンを、ヤサイアブラマシマシで食らいつきたい。

激辛ラーメンが発達した川越街道

text｜荒井禎雄

⓫ 中本

⓫ 中本

⓬ 時ちゃんラーメン

すでに述べられているように、80〜90年代のラーメンブームの代表格と言えば、背脂ラーメンの環七・土佐っ子だが、板橋区ではそれ以外にも大きな味の潮流が生み出された。中でも川越街道を中心に発達した激辛ラーメンは注目に値する。

その王者的存在は、今や全国区の知名度を持つ上板橋の**中本**⓫だ。初代の時代には住宅街にある中華料理店(いわゆる町中華)だったものが、今や多くの支店を持つ超人気店である。この中本の存在が呼び水となったのか、川越街道沿いを中心に激辛系のラーメンを出す店が増えて行った。

例えば、ハッピーロード大山の川越街道側出口付近にあった**龍神**⓬(現在は常盤台に移転)は、他では食べられない独自解釈の練り胡麻スープを使った激辛ラーメンや、激辛タイカレーなどが大人気だった。

独自色の強い激辛と言えば、大谷口の**時ちゃんラーメン**⓭も忘れてはならない。この店の四川風ラーメン及びつけ麺は辛さが何段階もある激辛系なのだが、分厚いトロ肉チャーシューや細かく刻んだザーサイなどセンスが光っている。余談だが、餃子と冷奴があまりに旨く、ラーメンを食べずにサイドメニューで酒を飲んで帰る常連もいるほど。こうした川越街道の激辛ラーメンには共通点がほぼなく、どの店も独自路線を突っ走っており、似た味を出す店が中々ないというのが唯一の共通項だ。

掲載店リスト ❶ 下頭橋ラーメン｜常盤台3-10-3 ❷ じょっぱりラーメン｜赤塚新町1-24-8 ❸ J'sラーメン｜高島平1-76-14 ルボワ平喜 1F ❹ 東京ラーメン大番 桜川店｜桜川3-13-10 武田ビル1F ❺ 百麺 中山道店｜板橋2-61-14 ❻ 欣家｜高島平1-62-6 101 ❼ morris(モリス)｜大山東町28-8 コンフォールT1F ❽ 大勝軒 西台｜高島平1-56-12 キャニオンマンション第8高島平 1F ❾ 中華めん処 道頓堀｜成増2-17-2 ❿ ラーメン慶次郎 本店｜本町14-14 ⓫ 蒙古タンメン 中本 上板橋本店｜常盤台4-33-3 浅香ビル2F ⓬ 龍神｜南常盤台1-27-4 ⓭ 時ちゃんラーメン｜大谷口上町8-6

板橋グルメの世界　　　　　　　　　　　　　　text｜刈部山本

07 ｜ 立ち食い蕎麦

「ロードサイド立ち蕎麦」という板橋区の独自文化

板橋ではラーメン同様、立ち食い蕎麦も幹線道路沿いで目にする。戦後の立ち食い蕎麦は、駅ナカや駅前など、鉄道とともに発展してきたが、板橋では個人店を中心に車文化圏に散在しているのが特徴だ。かつてロードサイドのこってりラーメンに世話になった世代が、歳を重ねて油っこいのがキツくなったところに、蕎麦という食べ物がフィットしているからではないだろうか。

定番は天ぷら蕎麦。オリジナル丼も人気

夜の中山道でポツンと暖簾の明かりを灯すのが**そばひろ**❶。30年以上立ち食いスタイルを夜のみの営業で貫く。カウンター上のケースにはかき揚げや春菊などの天種が並ぶ。蕎麦は小麦の味わいが生きた、昔ながらの立ち食い蕎麦の茹で麺なのが嬉しい。昨今主流の透明な甘ったるい汁とは異なる、黒っぽいストロングスタイル。ライスを追加し、天ぷらと汁を掛けて独自の天丼にするのも一興。

志村三丁目駅近くの環八沿いにあるのが**石かわ**❷。道に沿って横に長い、立ち食い店然とした佇まいで、ドライバーの目を引く。宗太鰹と鯖節で出汁を取った汁は無添加で、さっぱりしつつも確かな魚介の旨みが口中に広がる。環八の喧騒を背に感じながら、ソソり立つかき揚げ天を汁に浸し細めの蕎麦で手繰る幸せがある。

大東文化大学向かい、首都高直下にある**マキオカ**❸は、カレーや丼モノとメニューが充実している。蕎麦はムッチリとしつつもしなやかな細麺。軽い飲み口の割に甘塩っぱさがクセになる汁に、衣薄めの天ぷらが魅力。駐車場完備で、職業ドライバーの姿をよく見かける。

駅前にも独自文化が残っており、成増と下赤塚の駅前に2店舗を構える**どん亭**❹には、蕎麦・うどんの他に、焼肉ライスというオリジナル丼がある。注文の都度、鉄板で豚肉を焼く。肉以外は紅生姜のみというシンプルさで、ダイレクトに豚肉の甘みと香ばしさが堪能できる。持帰りの弁当客も多く、駅前で45年、ソウルフードと呼ぶに相応しい丼だ。

❶ そばひろ
❷ 石かわ
❸ マキオカ
❹ どん亭

掲載店リスト　❶ そばひろ｜大原町10-16　❷ 石かわ｜志村3-18-10 メゾンヤマグチ 1F　❸ マキオカ｜西台2-41-16
❹ 立喰処どん亭 下赤塚店｜赤塚2-2-3　成増店｜成増2-14-5

08 惣菜

板橋グルメの世界

text｜刈部山本

スーパーとも共存する、核家族や単身世帯の味方

駅前商店街が発展し、その中に惣菜店が当たり前にあったことに加え、経済成長により宅地を求め団地というスタイルが登場。ニューファミリーと呼ばれた核家族世帯では、母親のパート勤めも珍しくなくなり、巨大団地群として脚光を浴びた高島平団地にも当然、1階テナント商店街に惣菜店が多く見受けられるようになる。惣菜店は既に調理済みのものが手軽に買えるため、高齢化と単身化という団地世帯の変化にも合致し、駅前商店街で親しまれる惣菜店とともに、長く続く業態となっているのだろう。

宵闇の団地や駅前に映える惣菜店の明かり

板橋で惣菜店が集中しているのが、中板橋商店街だろう。地元では「惣菜通り」と呼ばれていて、肉店の唐揚げやコロッケの他、天ぷら専門店や煮物や焼き魚が揃う店まで多岐に渡る。地元スーパーと共存する姿もまた板橋らしい光景だ。

上板橋周辺も惣菜店が多い。上板橋北口商店街の**やまとや**❶はメンチや串カツも魅力だが、関東で時折見受けられる、ジャガイモを角切りにして揚げたポテトフライは必食。

まんぷく亭❷は、煮物の品揃えがピカイチ。ポテトサラダから大根やカボチャなどの野菜の煮物、そして生酢まで、特売日には特に溢れんばかりに並ぶ。

団地テナントと言えば、高島平団地の**ちばや**❸。フライはその場で揚げてもらえる。メンチは餡がギッチリ詰まったビッグサイズ。種類も量も多くフキや大根煮などタップリ食べられる。

志村三丁目駅近く、坂下一丁目アパート向かいにある塩屋マーケットの**小島屋**❹は昭和33年創業。かつて団地客で賑わったマーケットも今は多くが店を閉めたが、こちらリニューアルし二代目夫婦が昔ながらの味を守っている。素材の味が生きた化学調味料不使用の自家製惣菜が充実し、特に名物「結び昆布」は板橋のいっぴん。

❶ やまとや
❷ まんぷく亭
❸ ちばや
❹ 小島屋

掲載店リスト　❶ やまとや｜常盤台4-37-9　❷ まんぷく亭｜常盤台4-29-7　❸ ちばや食品ストアー｜高島平2-33-7-112　❹ 小島屋｜坂下1-12-22 塩屋マーケット内

板橋グルメの世界　　　　　　　　　　　　　text｜高橋法子

09 ｜ パン

新規店や工場直売店も。毎日の食卓を支える、町のパン屋

昔ながらの家族で営む個人のパン屋もまだまだ健在だが、若い人が始めた店や二代目が頑張る店もある。駅から遠い住宅街にあって静かに人気を集める店も増えてきた。区内には様々な工場があるが、もちろんパンの製造卸もいくつもあって、中には直売店で市価よりお得に買える工場もある。それぞれが町に溶け込み、住民の食卓を支えていて、消費者として安心できる選択肢が多いのは嬉しい限り。

商店街で買えるパン

マルジュー❶は、仲宿商店街で店を構えて65年以上経ち、子どもの頃からこの味で育ったという板橋区民は多い。大山駅前と板橋駅前にも店を構えるが、板橋を代表するパン屋と言えるだろう。しむらん通り（志村銀座商店街）にある**マルフク❷**は、150種類のパンが並ぶので毎日通っても飽きない。40年近く愛されている一番人気の「ちくわのフリッター」をはじめ納豆ドーナツなどオリジナルの人気商品も多い。ハッピーロード大山の**イグレクテ❸**は、富士山の溶岩窯で焼くパンが人気。外がパリッと中がふんわりした板橋のいっぴん「スルド」やハード系のパンもあるが、子ども向けのパンも揃える。

住宅地で買えるパン

坂下のバス通りに面した**グランピエール❹**は、自家製天然酵母にこだわり、長時間発酵でじっくり焼き上げる食パンのほかハード系からデニッシュ、サンドイッチなども並ぶ。近場はカフェが少ないのでイートインスペースで食べられるのも魅力。昭和の雰囲気満点の**ファミリーサンド❺**は、川越街道の東新町交差点脇にある対面販売のサンドウィッチ専門店。しっとりとしたパンに大胆に具材を挟んだサンドイッチは早い時間

❶マルジュー

❷マルフク

❹ グランピエール

❸ イグレクテ

❻ ヒグベーグル

❽ 鈴木ベーカリー

から売切れる。エスビー食品正門脇にある**ヒグベーグル**❻はベーグル専門店。常時20〜25種類のベーグルが並び、併設のカフェでは作りたてのベーグルサンドを提供する。

パン工場の直売店や福祉系のパン

学校給食やレストランにパンを卸している**東武パン工場**❼は、工場の一角で小売りもしている。焼き立ての食パンや菓子パン、惣菜パンが並び、上板橋駅から近いのもあっていつも賑わっている。徳丸の住宅街にある**鈴木ベーカリー**❽は区内の有名ハンバーガー店にバンズを卸してることでも知られている。数十種類のパンを日替わりで販売するが、対面販売のため昼間は行列も。**イクトス**❾は障害者支援施設イクトスマイムが日光金谷ホテルベーカリーの技術指導のもとで製造販売しているパン工房で、毎月50種類以上のパンを焼く。喫茶では焼き立てのパンを食べたり、金谷ホテルベーカリーの商品(ジャム、ピーナツバターなど)も購入できる。

掲載店リスト
❶ マルジュー(MARUJU)仲宿店	仲宿60-16 丸十ビル	**大山本店**	大山町5-11	**板橋駅前店**	板橋1-14-8
❷ マルフク	志村2-9-2	❸ イグレクテ(Igrekte)	大山町40-17	❹ グランピエール(grande pierre)	坂下1-34-27
❺ ファミリーサンド	東新町1-11-18	❻ ヒグベーグル&カフェ(HIGU BAGEL & CAFE)		宮本町36-3	
❼ 東武パン工場直売店	上板橋2-34-12	❽ 鈴木ベーカリー	徳丸1-17-9	❾ パン工房 イクトス	桜川2-28-12

板橋グルメの世界　　　　　　　　　　　　　　　　　　　　text｜高橋法子

10 スイーツ

区民が選んだ「板橋のいっぴん」など、多彩なスイーツが勢揃い

「板橋のいっぴん」に選ばれてる数が圧倒的に多いのがスイーツ。昔ながらの個人店が次世代でリニューアルしたり、有名店などで修行を積んだパティシエが独立して開店したり、区内だけでも多種多様で美味しい味が揃っている。また、今ではだいぶ減ったが、区内には実は大小さまざまな菓子や製菓材料のメーカーが多い。店舗以外にも、平日や決まった曜日、限られた時期に直売をする工場を巡るのも楽しい。

★｜板橋のいっぴん

進化し続ける和菓子の老舗

旧中山道脇にある**合格屋❶**の看板商品は「**大学いも★**」。カリッと揚がった芋を蜜にじっくり染み込ませたのが特徴で、繁忙期には1日に50キロのサツマイモを揚げる。カップ入りは散歩のお供に買う人が多い。西台駅にほど近い**一不二❷**は、高島平近隣の数少ない和菓子店で、大福の中にいちごが丸ごと入っている「**元祖羽二重いちご大福★**」は、30年以上前に店主が考案したベストセラー。仲宿商店街にある**とくたけ❸**の「**にりん草まんじゅう★**」は板橋区の花であるニリンソウをモチーフにした和菓子で、土日限定の抹茶プリンや春のみ販売するイチゴミルク味が人気のいちご餅など、老舗でありながら進化を続ける。

❾ あんみつの片山
❷ 一不二
❶ 合格屋
❼ 木下製餡

❺ マテリエル

❹ フレンチパウンドハウス

区を越えて人気を集める洋菓子店

巣鴨に姉妹店がある常盤台の**フレンチパウンドハウス❹**は、ショートケーキが雑誌やネットのランキングで常にトップに入るほどの人気を誇る。イートインも併設し、ときわ台駅の南口から離れた住宅街に移転してからも人が絶えない。ハッピーロード大山の裏手にある**マテリエル❺**は林シェフが手掛けるフランス菓子の店で、生菓子や焼き菓子のほかに、季節によってイートインスペース限定のデザートを提供している。**クリオロ❻**は、フランス人のサントスシェフによるパティスリーで、各種洋菓子やパンを扱っており、本店と工房を向原に移転してからはランチもできるカフェが併設された。

「**テディベアもなかRUUT**」も手土産にはおすすめ。同じく**中野製菓❽**は、各種のかりん糖を工場の入り口で週に2回直売しており、一番人気は昔ながらのカリッとした「**黒糖かりん糖★**」。志村にある**あんみつの片山❾**は、大正から続く甘味材料を中心にした製造卸で、「**あんみつ★**」はもちろん、材料を知り尽くしているからこそ作れるオリジナル寒天を使った季節限定あんみつシリーズにもファンが多い。なめらかプリンで有名な**パステルデザート❿**も前野町の工場で直売店を運営している。

スイーツ好き垂涎の工場直売店

大山駅からやや離れた場所にある、餡や和菓子を製造する**木下製餡❼**は、食べる直前に餡を詰めるタイプの「**東京もなか★**」が看板商品だが、

❻ クリオロ

掲載店リスト | ❶ 大学いもの合格屋｜板橋1-50-13 | ❷ 一不二（いちふじ）｜蓮根3-8-13 | ❸ 和菓子 とくたけ｜仲宿55-7
❹ フレンチパウンドハウス 常盤台店｜南常盤台2-19-12 | ❺ マテリエル（materiel）｜大山町21-6
❻ クリオロ（CRIOLO）｜向原3-9-2 | ❼ 木下製餡｜幸町41-11 | ❽ 中野製菓｜中丸町28-14
❾ あんみつの片山（片山商店）｜志村1-13-10 | ❿ パステルデザート ときわ台店｜前野町3-15-15

板橋グルメの世界10｜スイーツ　189

板橋グルメの世界

11 コーヒー・喫茶

喫茶や軽食だけでなくランチも楽しむ。地元民に愛される名店

コーヒーという飲み物も、食の西洋化とともに一般に浸透したが、安価なコーヒーチェーンが抬頭する前は、喫茶店で飲むのが当たり前だった。駅前や団地の商店街が多く残る板橋には都区内では珍しい程、昭和からの喫茶店が地域で親しまれている。と同時に、流行のカフェスタイルの店や自家焙煎店も、住宅街の落ち着いた雰囲気の中ですっかり溶け込んでいる。今、純喫茶が若い世代に見直される傾向がある一方、リタイアした世代の方々も馴染みある喫茶店が落ち着くようで、再び人が集まってきている。 text｜刈部山本

最高の豆、最高の一杯を追求する焙煎喫茶店
text｜編集部

高島平団地とともに歴史を紡ぎ、地元に親しまれてきたのが**イヴ**❶。昭和の喫茶店のマストなアイテムだったマッチや雑誌が置かれ、一時期はゲーム機もあったという「ザ・喫茶店」だ。団地を知り尽くした店長家族[p.148]が営み、長年かけて信頼関係を築いた問屋から最適な方法で焙煎した最上級の豆を仕入れ、注文が入る度にサイフォンで淹れる。昨今は「インスタ映えする」と人気のハート型グラス入りのアイスコーヒーも全て店で抽出。ガムシロップも自家製というこだわりぶりだ。

大学や大きな病院もある西台の**エール・コーヒー**❷は、患者さんの気分転換に便利。豆の販売がメインだが、店の一角でコーヒーやカフェラテ、抹茶ラテなどの変わり種もいただける。

板橋区民のみならず、コーヒー通の憧れの場所となっているのが志村三丁目駅近くの**カフェ・ベルニーニ**❸。グレーがかったピンク色の外壁と「COFFEE」の看板が目印だ。ハンドドリップしながら蝶ネクタイ姿で客を迎えるマスターが、19

❶ イヴ

❸ カフェ・ベルニーニ

年前に「良いコーヒーを多くの人に」と自宅近くに店を構えた。自家焙煎の豆を買い求めに来る客などにも応じながら、合間には豆の選別作業に手を動かす。最高の豆で最高の一杯を出すための努力を惜しまない、コーヒーへの愛が客を惹きつけるのだろう。

東武練馬駅から徒歩8分、店頭のヴィンテージバイクが目印の**らびっと**❹は、蚤の市にでも迷い込んだかのように、マスターが趣味で集めたという骨董の数々が飾られている。ブレンド、アメリカンに加え、数種のストレートコーヒー、紅茶もセイロンウバなどを揃え、多種多様なカップから客に似合うものを選んで出してくれる。現役のジュークボックスでオールディーズを聴きながら、温かく、気さくなオーナーと話すのも楽しい。

石神井川沿いの**水工社**❺は赤いドアが目印で、平日19時からの2時間と週末のみの不定期営業。ユニークな店名は祖父の代から営んでいた水道工事会社の屋号を引き継いだもので、小型の焙煎機が今は使われなくなった足踏みミシンの上に置かれ、店内でも楽しめるようイスも数脚置かれている。マスターこだわりの焙煎でアロマを楽しめるコーヒーが中心。好みの豆を毎週100gずつ買い求めに来る客もいて、昨今のネット通販時代に、店主と話しながら好みの豆を見つけるというのは、嗜好品の正しい楽しみ方かもしれない。

❺ 水工社

❹ らびっと

❻ カフェ・モカ

食に特化することで生き続ける純喫茶
text｜刈部山本

喫茶店はコーヒーを提供するだけではなく、ランチが食べられたり、ケーキやトーストなどの軽食が楽しめたりすることで地域に根付いた側面もある。その代表格と言えるのが区役所脇の**カフェ・モカ❻**。シックな雰囲気漂う店内の壁にズラリと掲げられた、パスタやポークソテー、丼モノから雑炊まで揃うメニューは圧巻。そして驚くのがその量。近くに消防署や警察署があり、ガッツリ食べたい客のニーズに応えていたら量が多くなったという。とはいえ小盛りから大盛りまで選べるので、自分にあった量で、サイフォン抽出によるすっきりとしたモカブレンドと一緒に、極上喫茶メシを堪能したい。

仲宿と中山道の狭間に位置する**ドンキー❼**は、レストラン＆コーヒールームを標榜するように、落ち着いたレストランを想起させる大人の空間。それでも味噌汁がついて箸で食べるという気安い和定食のスタイルでハンバーグを楽しませてくれる。細かくしっかりミンチされた肉が凝縮してて食べ応えバッチリ。デミグラスソースを絡めて箸で御飯と一緒に食べると実に幸せになれる。食後に絶妙なタイミングで供されるコーヒーは、濃厚な一杯。

ハンバーグと言えば、東武練馬駅近くにある**TOM❽**。ベロア調の椅子にランプシェードの白熱灯の明かりが優しく包む店内で食べるハンバーグは、厚みのある本格派。タマネギのザクザク感も心地いい。ビターでコク深いデミグラス

❾ ピノキオ

板橋の味を知ろう

⑧ TOM

街のベーカリーに専用で焼いてもらっているという食パンは、小腹が空いた時にピッタリの普通より一回り小さいサイズ。三角に切ったパンの耳が添えてあるのがご愛嬌。コーヒーは好みの豆でフレンチプレスが飲めるほか、カフェモカ、エスプレッソなども揃う。思い思いに1人の時間を満喫できる、居心地の良さが人気のカフェだ。

池袋駅東口の一等地に9階建ての本店ビルを構える**タカセ**⑪。多くの板橋区民にも馴染みがある洋菓子の老舗だが、そこに並ぶケーキやパンを製造する工場は下板橋にある。併設されたカフェレストランでは、卵と牛乳で丁寧に炊き上げたカスタードたっぷりのシュークリームなど、つくりたてのスイーツを味わうことができる。本店同様、熟練シェフが腕をふるう洋食も大人気で、店内は朝から晩まで賑わう。コーヒーだけでなく、アルコールもいただけるとあって、幅広いニーズに対応するファミリーレストランのような存在である。

ソースも専門店に引けを取らない逸品。厚切りトーストで挟んだハンバーグサンドも絶品。やや酸味のある純喫茶らしいコーヒーとの相性も抜群だ。

区外からもファンが通う 名物スイーツのあるカフェ
text｜編集部

大山の住宅地に佇む1974年創業の**ピノキオ**⑨は、名物の厚焼き「ホットケーキ」を目当てに全国から多くの人が訪れる人気店。板張りの壁にレトロなデザインの照明が灯る、温かみのある空間で、マスターが銅板で丁寧に焼き上げるのをじっと待つ。固めの生地を使った、小ぶりながらふっくらとした2段重ねのホットケーキに、メープルシロップをたっぷりかけて頬張る。濃厚なコーヒーとの相性もバッチリ。まさに至福の一時だ。

中板橋駅にほど近い**1 ROOM COFFEE**⑩の「あんバタートースト」も外せない。地元の商店

⑩ 1 ROOM COFFEE

掲載店リスト
① 珈琲館 イヴ｜高島平3-10-1 UR高島平団地1号棟 1F	② エール・コーヒー カフェ｜高島平1-74-7
③ 自家焙煎珈琲屋 カフェ・ベルニーニ｜志村3-7-2	④ 珈琲屋 らびっと｜徳丸3-13-10
⑤ 自家焙煎珈琲 水工社｜中板橋4-16	⑥ 珈琲屋 カフェ・モカ｜板橋2-64-10
⑦ レストラン＆コーヒールーム ドンキー｜仲宿54-7	⑧ 喫茶 TOM｜徳丸3-16-2
⑨ コーヒーショップ ピノキオ｜大山金井町16-8	⑩ 1 ROOM COFFEE｜中板橋29-10	⑪ タカセ 板橋店｜板橋1-37-10

01 板橋グルメの世界・特別コラム｜板橋発クラフトビール　text｜塚はなこ

ビール醸造所が続々誕生
板橋発クラフトビール時代の到来

2018年、板橋にふたつのブリューパブが誕生した。ブリューパブとは、併設されたブリュワリー（ビール醸造所）で造ったビールを提供する店のこと。できたてのビールが楽しめるのはもちろん、店によって違う配合で造られたオリジナルのビールが飲めるのも大きな魅力だ。醸造体験など、飲む以外にもさまざまな楽しみ方があるブリューパブ。板橋から始まる新しいビア文化の波に乗って、もっとビールを楽しもう！

東京都で最小級のブリュワリー　　　　　　　　　　板橋3-40-16エマーレ板橋1F

クランクビール さかみちタップルーム

醸造タンクを見ながら飲めるカウンター

3つのタンクが並ぶ醸造所

仲宿にオープンした**さかみちタップルーム**。共同経営者の平賀久勝氏と五日市扶氏は、ふたりとも決してビールのプロというわけではない。

「ビールが好き過ぎて始めました。地元の岩手でビール会社を作ろうかと思ったんですが、縁あって板橋でやることに」（五日市氏）。「内装もほぼ手づくり。作業中は近所の人が声をかけてくれて、たくさんの人に協力してもらいました」（平賀氏）。

エールビールを中心に自分たちが飲みたくなるビールを造る。店に置くクラフトビールは銘柄を固定せず、さまざまなタイプのビールが日によって楽し

平賀氏（左）と五日市氏（右）

める。「豚肉辛味噌漬け焼き」(500円)など、軽いつまみでビールの美味しさを引き立てる。醸造所では、アメリカやベルギーのスタイルを意識した、味わいもさることながら香りを大事にしたビールを醸造する予定。

　「この店ならではのビールを造り、板橋でクラフトビール文化をつくっていきたい」と話すふたり。近所の人が気軽に立ち寄れる雰囲気のブリューパブは、かつての"井戸端"を思わせる心地よいコミュニティスポットだ。

お酒を五感で遊べる店を目指して　　　　　　　　　　　　　　　　　　　　板橋1-8-4

IBU 板橋ブリュワーズユニット

IBUはビールの苦みを表す単位の略で、クラフトビール好きにはピンとくるワードだ。このワードを「板橋ブリュワーズユニット」の略として店名にした。「飲むだけではなく、醸造も含めたビール文化の深いところに入ってもらいたい」と話す副店長の江口奈々氏は、自ら醸造にも関わり、独自の味わいのあるスパイスエールなどを提供していく。料理は、IBU風肉じゃが「牛肉とじゃが芋の甘辛炊き」(800円)など、料亭や割烹で修行を積んできた高野恭平氏が腕を振るう創作料理だ。

　店の入る建物は、ワインビストロ、テイスティングの出来るリカーショップも入り、全体で「板橋カスクビレッジ」という複合施設になっている。2階には宿泊出来る部屋も。「ここでは『お酒を遊んで』欲しいです」。醸造体験や、持ち帰り出来るオリジナルボトル、異業種とのコラボビールの開発など、次々に新しい展開を予定している。「シェアブリュワリーとして、プロの方も含め、多くの人にビール文化に関わってもらえたら」。ビールをきっかけに交流が生まれる場所を目指し、IBUは板橋の地で進化し続ける。

大きな窓で開放的な空間。テラス席もある

体験醸造に使うタンク

口氏(左)と
野氏(右)

02 板橋グルメの世界・特別コラム｜板橋の肉屋　text｜塚はなこ

板橋の隠れ名物！肉屋へ行こう！
惣菜から卸問屋の直売まで。板橋の肉がアツい！

焼肉激戦区と言われる板橋。個人店からチェーン店まで選択肢も多い。いわゆる「板橋価格」と言われる「安くて旨い」のが当たり前という状態で、区外から訪れる客も少なくない。なぜ板橋の肉食シーンが盛り上がっているのか。その背景には肉の卸問屋の存在がある。板橋には肉卸問屋が多く、各地のブランド肉が集まるエリアなのだ。しかも、その卸問屋が扱う肉を、個人でも直接買うことができる。肉食のみなさん、まずは板橋へ！

肉卸問屋が直売するさまざまな肉に舌鼓。
直売所で肉を買おう！

肉卸問屋の直売所での流れは、基本的に共通している。大勢詰めかけるので、整理券を配布するのが一般的だ。会場にある焼き鳥やBBQなどの試食や販売を楽しみつつ自分の番を待ち、呼ばれるのを待とう。通常価格よりもかなりお得な商品が並び、あれもこれも買いたくなってしまう。まさに肉パラダイスだ。肉卸問屋は、扱う肉の種類や提供の仕方にも個性がある。お気に入りの直売所をみつけて、自分好みの肉を手に入れよう。

❶ 質のいい肉がズラリと並ぶ　❷ 開始時間にはすでに多くの人が　❸ 整理番号順に中に入って買い物
❹ 会場に着いたらまず整理券をもらおう　❺ 肉の山に宝探し気分　（❶❸❹クラショウ／❷❺日光畜産）

国産和牛に絶対の自信あり！

株式会社クラショウ

鹿児島黒牛、仙台牛、山形牛など、和牛のトップブランドを幅広く扱うクラショウ。焼肉店をメインに、さまざまな飲食店に肉を卸している。「はみ出るカルビ」などのメニューが人気の「大阪焼肉・ホルモン ふたご」もそのうちのひとつ。

なぜ、一般向けに直売を始めたのか。「工場の前に大型トラックが停まるなど、どうしても近隣の方に迷惑をかけていると感じていたんです。それで近隣向けに何か出来ないかということで始めました。また、昭和42年に板橋区で起業し、ここで成長させてもらった恩返しもしたかった」と話すのは営業部の葉山茂行氏。直売は、新河岸と東新町にある営業所で、それぞれ月1度行っている。「質のいい肉を手頃な価格で買えるのは、やはり喜ばれます。冷凍するからと1ヶ月分の肉をまとめて大量に買っていく方も多いですね。他で買った肉はもう食べられないと言われると、素直に嬉しいです」と笑顔を見せる。

ただ、質の良い肉を買っても自分で調理してその美味しさが引き出せるかは心配なところ。「コツさえおさえれば難しいことはありません。牛肉は脂の美味しさも重要な要素ですが、それには温度が大きく関係します。焼く前に肉を常温に戻しておくなど、温度管理に気をつけるのも簡単なコツのひとつです。ぜひ、肉の本当の美味しさをご自宅で味わってください」。

① 国産和牛ステーキ肉 200g 1,000円　② 待ち時間には焼き鳥なども楽しめる
③ スーパーではあまり見ないホルモンも販売　④ 会場の外には試食も

ブランド豚肉やオリジナル商品が売れ筋!

株式会社日光畜産

日光畜産は、銀座のレストラン「三笠会館」や板橋区の焼肉・ホルモン店「肉小屋」[p.202]など、肉にこだわりのある飲食店やホテルに肉を卸している肉卸問屋だ。月に1度、地域密着を大事にした直売を行っている。その会場で誰より現場を盛り上げているのが庭野岳彦社長だ。「自分達が食べて美味しいものを、みんなにも食べてもらいたいという想いでやっています。肉の処理作業をする時に出てくる端肉も食べると美味しい。だったら直売して皆さんにも気軽に食べてもらおうと思ったんです。こういう部位が出るのは、自分のところで肉をさばいているからこそ。希少部位と言われる肉もどんどん提供しています」。

社長はアイディアマンでもある。ブランド豚が安定した人気をほこる直売会だが、次々に登場するオリジナル商品も楽しみのひとつ。社長が愛読する文芸作品に出てくる登場人物の好物だという軍鶏(しゃも)を自身で捌き、登場人物の名前をつけて「五鉄のしゃも鍋セット」(1,944円)なるメニューもつくった。「作中に出てくる食事が魅力的で再現したくなってしまって。軍鶏の半身を使いスープまで全部が軍鶏という自信作です」と胸を張る。

「要望に応えてパックを少量にしたり、仕切りをつけて冷凍しても小分けで使いやすいように工夫しています。喜んでもらえるものを常に提供していきたいですね」。

❶ 三元豚も迫力の大きさ ❷ 塊肉がふるまわれることも ❸ 社長自ら会場で肉を焼いておもてなし
❹ 「肉ロト」に当たると入口で鐘が鳴らされる ❺ 多くの人がカゴいっぱい肉を買っていく

顔の見える店頭販売でしっかりと地域に根差す小売りを大切にする鶏肉専門卸店

世界の鶏を扱う創業120年の老舗

株式会社鳥新

仲宿に本社を構える**鳥新**。地元住民にとっては、商店街の入り口に位置する「普段使いの鶏肉屋さん」だ。毎日の食卓に並ぶ肉や惣菜、焼き鳥といった定番メニューはもちろん、クリスマスのチキンやターキーなど季節のメニューにもファンが多い。

1895(明治28)年創業、鶏肉専門店として鶏肉・鶏卵の小売から始まり120年の歴史を持つ鳥新は、国産鶏はもちろんのこと、実はヨーロッパ食材にも強い。バスク豚、シャラン鴨、ホロホロ鳥など、まさか板橋の店でこんな肉が買えるとは、という特殊な肉に出合えることもある。なかでもフランス、シャラン北部ヴァンデ沿岸地域で飼育される「ビュルゴー家のシャラン鴨」は、一般的に多く流通しているいわゆる「シャラン産の鴨」とは全く異なる品種で、日本では鳥新が唯一の販売元となっている。都内有名飲食店やホテルなどからの利用も多く、業務用鶏肉の仕入れとしての信頼も厚い。

小売店として始まった鳥新は、卸業が拡大した今も店舗販売を大切に考えており、メニュー開発はスタッフ自らが手掛け、ここでしか買えない輸入ワインやチョコレートなども独自に取り扱う。「常に新しくて美味しいものを追求していきたい」と話す店長の徳弘秀樹氏。板橋から美食を発信し続ける鳥新。地元にこんな店があることが、板橋の食文化の発展を支えているのだろう。

❶ 焼き鳥コーナーはいつも人気
❷ 仲宿商店街の入り口にある
❸ ローストチキンもも焼は1本300円
❹ かつてはこの場所に鶏舎があった

掲載店リスト		
クラショウ 板橋営業所	新河岸3-11-6(直売) 第3水曜 14時~、商品が無くなり次第終了)
	板橋南営業所	東新町2-60-4(直売) 第3金曜 13時~、商品が無くなり次第終了)
日光畜産	桜川1-5-4(直売) 第4土曜 9時~(商品が無くなり次第終了)※平日も事務所で直売あり)
鳥新 本社小売部	仲宿39-3(営業時間) 9:00~19:00、定休日) 日・祝日)

03 板橋グルメの世界・特別コラム ｜ 地域密着型飲食店

text ｜ 荒井禎雄

板橋の地域密着型グループ店
ローカルチェーンの成功条件が揃っている板橋区

板橋区には、大手フランチャイズ店以外に、区内を中心に店舗展開している地域密着型グループ店が目立つ。規模は様々で、業態や価格帯も幅広く、中には板橋区を飛び出して大成功するケースや、新たな食文化を生み出した例すら見られる。ここでは区を代表する人気グループ店に注目し、板橋に土着のローカルチェーンが生まれやすい理由を探る。

ローカルチェーンを考える上で欠かせない 60年代の板橋駅前

区内のローカルチェーンの歴史について調べたところ、1960年代の板橋駅前に非常に興味深い例が見られた。この時期に、板橋駅のすぐ近くに**喜多八**❶というもつ焼き屋が生まれた。大串と煮込みで人気店となった喜多八の先代経営者は、故郷から友人を呼び寄せ、同じく板橋駅前でもつ焼き屋を開業させた。これが今や東京・埼玉に約50店舗を展開する加賀屋グループの始まりである。以前先代に聞いた話では、加賀屋の開業にあたって「同郷の誼もあってノウハウやメニューを教えてやったんだよ」とのことで、加賀屋の看板メニューでもある大串と煮込みは、喜多八がルーツだとしても過言ではないようだ。

❷ 魚がし寿司

同じく60年代に板橋駅前で創業した**魚がし寿司**❷は、のれん分けによって今や10店舗以上が健在。職人さんが握ってくれる店でありながら、お決まりの並が700円台という回転寿司価格が最大の特徴だ。サラリーマンが仕事帰りにフラっと立ち寄り、千円札1～2枚で楽しんで赤ら顔で帰れるという、大衆寿司の完成形と呼ぶべき店である。以前は大山や中板橋など区内にも複数店あったので、古参の板橋ローカルチェーンだと言える。

板橋は地価が落ち着いているため、家賃が都内平均より安い。そのうえ人口は多く、商店街が生き残っているお陰でテナント数にも恵まれている。そうした条件から、60年代の昔からチャンスを掴んで店舗拡大に成功する店が多かったのではないだろうか。

経営店リスト
❶ **喜多八** ｜ **板橋区板橋1-19-8** ／ **西日暮里支店** ｜ **荒川区西日暮里5-21-4**
❷ **魚がし寿司 板橋総本店** ｜ **板橋区板橋1-12-7** ／ **赤羽店** ｜ **北区赤羽西1-4-8**

もつ焼き屋から発展、イタリアンや魚料理のお店も

ひなた株式会社（代表｜辻英充氏）

中野区野方の超人気もつ焼き店・秋元屋出身の辻氏は、独立して上板橋に**やきとんひなた**❶の1号店をオープンした。上板橋は駅の南北に商店街や飲食店街が広がっており、独自色の強い魅力的なお店が数多い土地。ひなたはそこで低価格路線とは思えぬ満足度の高さから、すぐに満席が当然の人気店へと成長した。主軸のもつ焼き以外に、野菜をふんだんに使ったバーニャカウダーなどツボを突いたメニュー構成が特徴で、女性からの支持も大きい。

1号店の成功を見た辻氏は、板橋一の飲食天国である大山に2号店を出店する。「やはり北の成増方面に行くよりは、より池袋に近付いて勝負してみたかったんです」。

この2号店も、大山の並み居る強豪を押しのけて人気爆発。すると辻氏は業種を変えてより野心的な勝負に出た。2号店のすぐ近くに魚料理の**魚猫**❷、板橋駅近くにイタリアンの**君想ふ暮らし**❸とオープンラッシュを進め、遂には池袋に複数店舗を構えるまでに。

辻氏は「なぜ店を増やし続けるのかというと、頑張って働いてくれているスタッフに先を見せたいんです。店を任せられるようになれば収入も増えますし、今後は経営を別にしたのれん分けでの独立も考えています」と語る。

ひなたグループはどの店も低価格という点で共通しているが、これは決して無茶な安売りではないと言う。「無理な値引きはスタッフの労働環境の悪化に繋がり、またお客様に提供する食材やサービスの質にも悪影響が出ます。ウチはバイヤーとの関係が良好で安く仕入れさせて貰えているので、それで可能な範囲で価格を抑えています」。

板橋区から出発し、池袋でも成功した辻氏は、板橋という土地をこう評価している。「板橋は家賃の安さなど店を出しやすい条件が揃っています。また飲食店事情に恵まれているので呑み慣れた人が多く、思いのほか客層が落ち着いていて、女性客も多いです。今後も板橋から拠点を移さず、集中して店舗展開を続けます」。

❷ 魚猫

経営店リスト
❶ やきとんひなた 大山店｜板橋区大山町8-8／上板橋店｜板橋区常盤台4-25-1／志村坂上店｜板橋区志村1-13-4／池袋東口店｜豊島区東池袋1-36-5／池袋西口店｜豊島区西池袋3丁目29-11 ファーストビル2F
❷ 魚猫 大山店｜板橋区大山町30-19 渡辺ビル1F　❸ 君想ふ暮らし 新板橋店｜板橋区板橋1-48-1
❹ 日々是君想 東武練馬店｜板橋区徳丸2-1-7　❺ 雨ニモマケズ 池袋店｜豊島区池袋2-31-12

多彩な業種かつクオリティ重視のこだわりの店

饗酒堂有限会社（代表｜久保学氏）

饗酒堂グループは、豊富な酒と海鮮料理が特徴的な**うろこ家❶**・**温❺**・**灯❻**や、焼き鳥や串焼きの**泉❷**・**焔❼**、さらにジビエを含む肉に特化した**肉小屋❸**など、店ごとに業種がバラバラなのが特徴。唯一の共通点は、それぞれの分野において専門性やこだわりが強いことだ。

業種の幅広さとこだわりについて、経営者の久保氏はこう言う。「業種が多い理由は、店を任せるスタッフの得意分野を追求しているからです。また15年前の2号店オープン時は焼酎ブームでしたが、そこで焼酎や日本酒に徹底的にこだわったことが成功に繋がりました。間違いのない知識でお客様をお迎えし、楽しんでいた

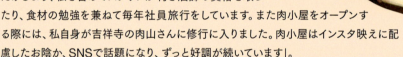
❸ 肉小屋

だけるよう、私を含めてスタッフが利き酒師の資格を取ったり、食材の勉強を兼ねて毎年社員旅行をしています。また肉小屋をオープンする際には、私自身が吉祥寺の肉山さんに修行に入りました。肉小屋はインスタ映えに配慮したお陰か、SNSで話題になり、ずっと好調が続いています」。

2号店である温（現在はうろこ家）の成功は、大山のターニングポイントだった。というのも、饗酒堂グループは店内の雰囲気や接客に気を配り、質の高い料理や酒を適切な価格で提供するという方針で、それまでの下町然とした大山では浮いた存在だったからだ。また2号店はハッピーロードの中でも店が長続きしない鬼門テナントにある。大山らしからぬ店がその立地で成功したことは、街が変わろうとしている証明だと感じた。

❷ 泉 sen 大山店

久保氏は板橋という土地をこう見ている。「都心と比べるとお客様の絶対数に限界があるので、常連になっていただけるよう大切にせねばやって行けません。それと板橋の人は舌が肥えており、特に大山はいくらでも選択肢があります。ですから、店を増やすかどうかはサービスの質との兼ね合い次第です。板橋は私自身が住み続けて愛着がある土地なので、次に出店する時も城北エリアに絞ります」。

経営店リスト
- ❶ 地酒と鮮魚の居酒屋 うろこ家 大山店｜板橋区大山町31-2 松長ビルB1
- ❷ 魚と焼鳥の居酒屋 泉 sen 大山店｜板橋区大山東町21-10 スカイシャルム大山1F
- ❸ 肉小屋 板橋本店｜北区滝野川6-86-15／大山店｜板橋区大山東町28-10
- ❹ 新鮮☆塩ホルモン 燦 sun｜板橋区大山25-7　❺ 鮮魚居酒屋 温 on 十条店｜北区十条仲原1-1-2 2F
- ❻ 地酒・海鮮居酒屋 灯（あかり）志村坂上店｜板橋区志村1-12-21
- ❼ 串焼き蔵 焔（ほむら）志村坂上店｜板橋区小豆沢2-16-5 増善ビル101

親から子へ受け継がれた、肉の知識と手作りへのこだわり

GBworks株式会社（代表｜中原裕次郎氏）

　創業30年の**Gyubig**❶は、上板橋の焼肉屋としては最古の部類に入る。そこからハンバーガー店❷など業種を増やし、今では板橋区内だけでなく目黒や福岡にも進出。グループの特徴は、立派な歴史を持つ割に発想が若く、時流に敏感に対応している点にある。経営者の中原氏にお話を伺ってみて、その要因が解った。「父親が知人の誘いを受けて上板橋で開業したんです。その後は親族がオーナーとなって店を増やしていきました」。

　親族経営にはリスクもあるが、このグループは代替わりに成功し、発想力や機敏さ、チャレンジ精神を維持できたのだろう。たとえば思い切った厚切り肉のメニューは若者的でインパクトが強く、SNSウケも良い。「でもインパクトだけでは意味がなく、まず味が良くなければ。たとえばソース類はすべて手作りし、メニューによってオススメの味を変えます。ウチでは焼肉もハンバーガーも余計な添加物は入れません。出来合いの物を使うのが嫌なので、もはや意地でコチュジャンすらも自家製なんです」。

❶ Gyubig

　中原氏は板橋に対しての見識が深く、また思い入れも強い。「上板橋って、実は大山と駅の乗降者数はさほど変わらないんです。でも、街を歩く人の外食比率は上板橋の方が高いと思います。大山の場合は、通勤・通学や日用品を買い求めるだけの人も多いですから。そういう土地なので、こっちの方でも何かグルメフェス的なことを行政主導で開いてもらえると、意外と当たるんじゃないかと思います。常連の皆さんに支えていただいて30年続けてこられましたので、これからも地元のお客様を大切にしつつ、店舗を増やして行きたいです」。

　常連客の大切さを知り、こだわりを持ち、挑戦と変化を恐れない。これは紹介した他グループの経営者にも共通する点だ。そしてそれこそがグループとして成功する秘訣なのだろう。板橋の意外と恵まれた外食事情は、このような才能達が支えていたのだ。

❷ HUNGRY HEAVEN

経営店リスト

❶ **Gyubig（ギュービッグ）上板橋店**｜板橋区上板橋3-5-1 上坂ビル2F／**大山店**｜板橋区熊野町43-11／**目黒店**｜目黒区下目黒1-2-22 セザール目黒2F

❷ **HUNGRY HEAVEN 上板橋店**｜板橋区常盤台4-33-3 アサカビル2F／**目黒店**｜目黒区下目黒1-2-22 セザール目黒2F／**福岡今泉店**｜福岡市中央区今泉1-17-14-1 1F

❸ **最高おにくセンター**｜板橋区上板橋3-5-11F　❹ **BOOビッグ**｜板橋区常盤台4-28-6 1F

板橋の味を知ろう

志村みの早生大根

復活！江戸東京野菜

一度は消滅した板橋の伝統野菜「志村みの早生大根」が、区内で再びつくられている。
時代を超えて蘇った大根が育つ畑を訪ね、生産者に思いを聞いた。
また、大根を味わう一番の方法を日本食文化史講師からアドバイス。
一度は食べてみたい幻の大根の味とは──

cooking | 麻生怜菜

あそう・れいな｜日本食文化史講師。1982年、長崎県生まれ。日本大学生物資源科学部非常勤講師（日本食文化史／おいしさの科学）。「あそれい精進料理教室」主宰。鎌倉（精進料理）〜江戸（特に加賀料理）の再現、日本伝統食の考え方やレシピを発信。主な著書に『寺嫁ごはん〜心と体がホッとする"ゆる精進料理"〜』（幻冬舎）など。

復活から5年目の収穫

志村みの早生大根を育てる農家の久保秀一さん。

練馬大根、谷中しょうが、のらぼう菜──食べたことはなくても、ひとつくらいは知っている名前があるかもしれない。

では、「志村みの早生大根」は?

これらはみな、**「江戸東京野菜」**❶と呼ばれている。江戸時代から昭和中頃にかけてつくられてきた伝統野菜を、東京の地場野菜としてブランド化しようと、10年ほど前からJA東京中央会が中心となって進めている。伝統野菜には農地の減少等により生産量が減ったり、完全に途絶えてしまった品種も多くある。それらの種の保存や栽培法の伝承、一部品種の復活などを通じて、江戸・東京の農業の歴史を伝えていこうとする取り組みだ。

板橋にも伝統野菜があった!

板橋にゆかりのある伝統野菜を子どもたちに食べさせたい──区内の小学校の栄養士からの要望に応えようと、2011年、JA東京あおば板橋地区青壮年部による幻の大根復活に向けた取り組みが始まった。茨城県にある「農業生物資源ジーンバンク」に、昔、板橋でつくられていた大根の種子が保存されていることがわかったからだ。

この大根は、中山道板橋宿の北、清水村(現在の志村坂周辺)に住む百姓「みの吉」によってつくられた、練馬大根と亀戸大根の交雑種と言われている。元々「清水夏大根」という名前だったが、栽培復活を機に「志村みの早生大根」と名付けられた。

「夏」の「すずしろ(大根)」にちなんだ志村みの早生大根のキャラクターすず夏ちゃん(右)と、練馬大根のキャラクターGODAIくん(左)。

久保さんの農園。奥に見える大きな木は、保存樹木に指定されているシラカシ。

2軒の農家から始まった復活栽培だが、徐々に協力農家が増え、販売開始から5年目の今では10数軒により年間約600本が販売されている。

志村みの早生大根は、「早生」の名の通り育成期間が短い。普通は70〜80日かかるところ、夏場なら55日ほどで育つ。平均的な長さは80cm、すらりとした細身で、豊かに茂る葉の根元まで真っ白な白首大根だ。太いヒゲが多く、お陰で畑から抜きにくい。強い辛味がある。

貴重な地元の味を知ってほしいから

生産者のひとりである久保秀一さんは、元々は会社勤めをしていたが、5年前に父の跡を継いで農家になった。伝統野菜のような固定種は、生産・流通しやすいように品種改良された野菜と違い、育てにくい。病気に弱く、かたちも不揃い。久保さんは、区から生産協力の依頼があった当初は躊躇したものの、おいしさに惹かれて栽培を決めた。

JA東京あおばオリジナル、志村みの早生大根を使ったノンオイルドレッシング（右）と練馬大根ドレッシング（左）。どちらも大根の辛さを活かした大人味。JA東京あおば農産物販売所、センターで販売中。

イベントで販売される志村みの早生大根。

日頃よく見かける青首大根と違い、志村みの早生大根は葉の付け根まで真っ白。江戸東京野菜の大根7種はすべて白首大根。

久保さんの畑では、春(4月)と秋(9月)に種まき。今シーズンの出荷は全部で約80本。「育たなかったり、育っても、かたちが悪かったり。均一なものができにくい。出荷できるのは植え付けの半数くらい」量産できないので、現在は区内の**イベント❷**での販売を行っている。

普通の大根と並べて売ると、お客さんは太くて、ヒゲのない大根に手が伸びるという。でもこの大根のよさは何といっても辛味。「一番おいしいのは、大根おろしにして、蕎麦やうどんのつゆに入れることかなぁ」

火を通すと辛味が消えてしまうそうだ。ぜひ、一番おいしい食べ方で、地元ならではの野菜を味わってほしい。

農家の久保さんから大根を分けてもらう
日本食文化史講師の麻生怜菜さん。

❶ 「**江戸東京野菜**」**とは**｜江戸期から始まる東京の野菜文化を継承するとともに、種苗の大半が自給または、近隣の種苗商により確保されていた昭和中期(昭和40年頃)までの在来種、または在来の栽培法等に由来する野菜のこと。2011年にJA東京中央会により定められた。現在は48品目(2017年12月時点)が登録されている。

❷ **志村みの早生大根を販売予定のイベント**｜**さつきフェスティバル**(5月中旬開催、板橋区・JA東京あおば共催)／**すず夏ちゃんまつり**(6月下旬開催、JA東京あおば主催)／**板橋区民まつり**(10月中旬開催、板橋区主催)／**板橋農業まつり**(11月中旬開催、板橋区主催)※開催時期は予定

志村みの早生大根を食べよう！

江戸時代に生まれた志村みの早生大根。当時の人々は、この大根をどのようにして食べていたのだろうか。
──日本食文化史講師である麻生怜菜さんが、江戸時代に人気だった食べ方を紹介する。

おろし蕎麦

江戸時代の人々は野菜を生で食べることをほとんどしなかったが、大根おろしに殺菌作用があるということは知っていた。当時の文献によると、蕎麦の薬味としてだけでなく、魚や酒の毒消しとして口にしていたようだ。

江戸の町は、蕎麦の生産地である甲州や信州から江戸城や城下町整備のために人手が入って来たこと

で、急速に蕎麦食文化が浸透したと言われている。市中では蕎麦の屋台が増え、気軽に食べられるファストフードのひとつとして定着した。とりわけ辛味大根は、蕎麦好きの江戸っ子たちに好まれた。

[材料]
- 蕎麦｜2人分
- めんつゆ｜200ml

薬味
- 大根｜100g（すりおろす）
- 葱｜50g（輪切り）

[つくり方]
蕎麦を表記通りにゆで、薬味を添える。

べったら漬け

「べったら漬け」は、浅く塩漬けした大根を、米麹の床に本漬けにした甘い漬け物で、東京の漬け物の代表格。第十五代将軍徳川慶喜も好物だったとか。江戸時代から続く日本橋・宝田神社の「べったら市」は、今でも10月に開催されている。秋口まで採れる夏大根の志村みの早生大根は、当時からべったら漬けの材料として重宝された。

家庭でも、塩漬け後に甘酒や塩麹を使用すると、簡単につくることができる。

材料

塩漬け

本漬け(甘酒)

[材料]
- 大根｜500g
- 塩｜大さじ1(大根の重さの約4%)
- 甘酒｜200ml
- 唐辛子｜お好み(輪切り)
- 昆布｜5cm×5cm

[つくり方]
1. 大根(大きければ、縦に2〜4等分に切る)・塩を袋に入れ、よくもんで冷蔵庫で1日寝かせる。
2. 水分を捨て、甘酒・唐辛子・昆布を加え、再び冷蔵庫で2日程漬けて完成。

※甘さを控えめにしたい場合には、甘酒の代わりに塩麹100gと砂糖50gを使用。

Itabashi
Mania

5

板橋のものづくりに触れよう

板橋ものづくり
ストーリー

板橋のものづくりに触れよう

板橋ものづくり ストーリー

板橋は、都内で有数のものづくり地域ということをご存じだろうか。
職人こだわりの技術が活かされた工場が集中する。
そこには歴史的な背景がある。古くは幕末、高島 秋 帆(たかしましゅうはん)の砲術が指南されていたころ、
石神井川をはじめとした河川の豊富な水量でまわす水車を利用した火薬づくりが始められた。
近代以前、工業の動力といえば水車が主力である。明治に入り軍需工場ができて、
関連下請け工場が集まった。大量生産の時代になると、大規模工場が創業あるいは誘致された。
近代の板橋は交通の要衝でありながら、まだ広い用地が残された郊外だったのだ。
職人気質と町人気質。これもまた、板橋の風土。

板橋ものづくりストーリー

01 | 株式会社 タニタ

「はかる」ことから人々の健康をサポート

タニタの一号機、家庭用ヘルスメーター。これ以降、「日本初」「世界初」が製品づくりの旗印に。

「タニタ」の名前を一躍有名にした「タニタ食堂」。東京・丸の内のほか、全国に展開している。

健康計測機器の誕生

健康総合企業のタニタ。体組成計、活動量計、デジタルクッキングスケール、睡眠計など、「健康をはかる」さまざまな商品を開発している。

設立は、1944(昭和19)年。前身の谷田賀良倶商店を経て、谷田無線電機製作所として、板橋の地でスタートを切った。1959(昭和34)年には、いよいよハカリ製造の許可を取得してヘルスメーター製造にも乗り出す。当時の日本ではまだ家庭に普及していなかったのだが、「今後、必ず一家に一台の時代が来る」と確信して製造を開始したという。

左｜体組成計の最新機種(2018年3月現在)。全身と5つの部位ごと(左腕・右腕・左脚・右脚・体幹部)の体脂肪率、筋肉量、筋肉スコアなど計測項目数は26項目に及ぶ。さらに、世界で初めて部位ごとに「筋肉の質」の計測も可能になった次世代体組成計。

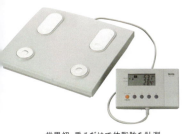

世界初。乗るだけで体脂肪を計測できる体脂肪計(1992年)。

創業期の谷田賀良倶商店

高精度を支える地道なデータ収集

同社の歴史上、エポックメイキングな出来事は、やはり1992(平成4)年世界初の「乗るだけではかれる体内脂肪計」発売だろう。2001(平成13)年にはさらに、世界初の内臓脂肪チェック付き体脂肪計「インナースキャン」の製造を開始。その後、体脂肪計は体組成計へと進化していく。

こうした計測機器の要はまず、体脂肪率を導き出す解析アルゴリズムの基準となる統計データの収集だ。タニタは、そのデータの収集に従来の水中体重秤量法から二重X線吸収法(DXA法)を採用した。水中体重秤量法は、現在も体組成研究に使用される原理の確立された方法だが、小児や高齢者が参加できず、「脂肪」と「それ以外の組織」の二つの要素の計測しかできない。そこでタニタでは、より精度の高い体脂肪計を開発すべく、DXA法を採用。移動してデータ収集が行える「DXA車」も用意して各地を回り、地道にデータを集めたという。

「世界初!」「日本初!」をめざすものづくり

タニタの体組成計は、脂肪と筋肉を区別するための生体電気インピーダンス法という手法を用いている。からだを構成する組織の成分によって電気抵抗が異なるという性質を利用して推定するのだが、この点でもタニタは、「リアクタンステクノロジー」と「マルチ周波数測定」という技術を用いて、推定の精度を高め、個人差に対応して内臓脂肪や基礎代謝の推定、更には筋線維の充実度を推定する「筋肉の"質"の評価」にも成功。「世界初」「日本初」を合い言葉に、「はかる」を極める研究開発は続く。

たくさんの新商品を生み出したタニタ本社には、現在、歴代の体重計などが並ぶタニタ博物館がある。また敷地内の広場は一般向けに開放しており、桜の季節には多くの人で賑わっている。

水中体重秤量法は、現在も体組成研究に使用される原理の確立された方法だが、被験者が限られるという点もある。

DXA車で日本人の体組成のデータを収集。より精度の高い計測結果を導き出している。

会社概要
所在地｜東京都板橋区前野町1丁目14番2号
設立｜1944年1月
従業員数｜1,200名（2017年3月31日現在、グループ）
代表｜代表取締役社長 谷田千里

板橋ものづくりストーリー

02 株式会社トプコン

人々の生活と最先端技術の架け橋

東京光学機械は、服部時計店精工舎の測量機部門を母体として創業。当時の製品「トランシット」はトプコン測量機の原点である。

創業直後の東京光学機械本社工場(1933年)。85年間、変わらぬ地で操業が続けられている。

「メイド・イン・板橋」を世界に発信

トプコン(旧社名:東京光学機械株式会社)は、測量、GPSシステム製品、眼科用医療機器を主力とした総合精密機器メーカー。世界に86拠点を有するグローバル企業だ。

1932(昭和7)年、陸軍省からの要請で光学兵器としての測量機を製造する企業として、銀座の服部時計店(現:セイコーホールディングス)精工舎の測量機部門が母体となり創業した。赤羽周辺に陸軍の施設が多数あったことから、翌年、赤羽から近い現在の板橋区蓮沼町に本社工場を建設して移転。測量機、双眼鏡、カメラの他、陸軍向けの照準眼鏡を主要製品としていた。光学兵器の需要とともに日本を代表する光学メーカーへと急成長し、戦後は民需品としての双眼鏡を米国に輸出した。さらに戦後復興の土地区画整理や地図の作成に、同社が生産した測量機が貢献。ほどなくして眼科検査用機器の製造を始めて医療機器事業にも進出し、順調に事業を拡大してきた。現在は土木・建築、農業、医療の3分野で事業を行なっている。

最先端の製品開発で豊かな社会づくりをめざす

最先端機器の開発によって「医・食・住」の各分野が抱える課題改善に取り組む同社。例えば、高齢化に伴い増加している緑内障などの眼疾

左｜マシンコントロールシステムは、3D設計データをもとに建設機械を自動制御して整地や掘削作業などを行う土木施工の自動化システム。熟練作業者不足と生産性向上に貢献している。
右｜世界最小・最軽量サイズの測量機器「GTシリーズ」。リモート操作で動かせるので1人でも作業可能。測量機をネットワーク接続すればリアルタイムで遠隔地と測量データを共有できる。

患。早期診断に役立つ、眼底網膜の断層画像を撮影する装置「OCT」は、世界シェアの約3分の1を占める。また、食料自給率の低迷と農業従事者の減少に対処するためIT農業にも取り組み、農作業自動化のシステムが国内外で実用化されている。手作業や目視などアナログ作業が大部分を占めていた土木現場でもICT化を提案している。建設機械の自動化システムやレーザースキャナー、ドローンを活用した測量システムで、作業時間の短縮や人員削減を実現し、生産性を上げている。

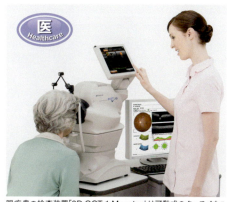

眼疾患の検査装置「3D OCT-1 Maestro」は可動式のタッチパネルをワンタッチするだけで操作可能。熟練不要で簡単に撮影できる。

自動操舵システム搭載の田植え機は進行方向を見なくても正確に直進するため、後方で苗の補充や植え付けの確認ができ、生産性が上がる。

地域の活性化や地元との調和も大切にする

創業直後から板橋に本社を構えて85年。板橋区を代表する企業の一社として2013（平成25）年に始まった「板橋産業ブランド戦略会議」に参加・協力している。毎年クリスマスシーズンにはイルミネーションを点灯し、地域住民から好評を得ている。

会社概要
所在地｜東京都板橋区蓮沼町75番1号
創業｜1932年9月1日
従業員数｜連結4,497名（2017年3月末現在）
代表｜代表取締役社長 平野 聡

板橋ものづくりストーリー

03 リコーイメージング株式会社

確かな技術力とユニークな発想の合せ技

レンズ製造の技術力が製品づくりの土台

小型軽量の一眼レフカメラを主力製品とする「ペンタックス」のカメラは、現在リコーイメージングが製造・販売を行なっている。独創的な製品開発に根強い人気があり、世界中に「PENTAXIAN(ペンタキシアン)」と呼ばれる愛好家がいるほどだ。

ペンタックスブランドを生んだ旭光学工業株式会社(旧社名:旭光学合資会社)は、1919(大正8)年、レンズ製造会社として北豊島郡西巣鴨町(現:豊島区大塚)で創業。双眼鏡レンズの製造では、他社に先駆けてコーティング装置を導入したり、大学の研究機関に社員を派遣するなど、技術と知識の両面から取り組んで独自のレンズ

レンズ研磨の技術は、レンズメーカーとして創業した頃から高く評価されていた。他がやらない手法をいち早く取り入れる先駆性が、優れたレンズコーティング技術を進化させてきた。

カメラ本体に搭載した手ぶれ補正機構「SR」は、磁力で制御することで自動水平補正などさまざまな応用が可能な独創技術。古いペンタックスレンズを装着しても手ぶれ補正が可能だ。

最新機種「PENTAX K-1 Mark II」は、脳に記憶される"記憶色"に近い鮮やかな画質が特長。新開発のリアル・レゾリューション・システムIIでは、手持ち撮影時の超解像撮影にも対応している。

コーティング技術を確立した。双眼鏡本体とカメラ用レンズの製造も開始し、1952(昭和27)年には板橋区前野町に本社と工場を移転して国産初の一眼レフカメラを製造、発売。以降、画期的な技術や性能を搭載したカメラを数多く生み出してきた。

2013(平成25)年には社名を「リコーイメージング」に変更。2016(平成28)年に本社を大田区の株式会社リコー本社内に移転して、現在もペンタックスブランドのカメラやレンズの製品開発に取り組んでいる。

当初の役目を終えた
デモ機を地域で活用

2015(平成27)年、同社は、デモ機として使用していた撮影可能なデジタルカメラ30台(一眼レフのKシリーズ20台、ミラーレスのQシリーズ10台)を板橋区に寄贈している。60年以上も事業を行なってきた板橋区への恩返しの意味もあり、区内公立中高等学校の写真部に寄贈された。

使い手と作り手"両者の目"を持つスペシャリストたち

風景写真の撮影を楽しむユーザーが多いことから、同ブランドのカメラはアウトドアにおける使いやすさを追求している。開発者に写真好きが多く、自ら試作品を持って人目に触れないよう屋外撮影を繰り返し、使い勝手をチェックするという。写真好きだからこそ新しい機能や技術を着想することもある。ワンプッシュで記録形式をJPEGからRAWに切り替える「RAWボタン」は開発者からのアイデアだ。ときにはユーザーをうならせるユニークな着眼点が"ペンタックスらしさ"として多くの製品に表れている。

会社概要
所在地｜東京都大田区中馬込1丁目3番6号　株式会社リコー本社内
設立｜2011年10月1日
従業員数｜約400名(2017年12月31日現在)
代表｜代表取締役社長 髙橋 忍

右上｜1948年発売のミクロン双眼鏡「6×15ジュピター」。他社製品はレンズが非常に傷つきやすかったが、国内では希少だったコーティング装置を導入してレンズを強化した。
右下｜他社に先駆け、日本初となる国産の35mmフィルム用一眼レフカメラ「アサヒフレックスI」を1952年に発売。上からファインダーをのぞく構造にした。
左下｜「PENTAX K-1 MarkII」はカメラ本体の87カ所にシーリングを施した防塵・防滴構造で、水滴や砂ぼこりが侵入するのを防ぐ。

板橋ものづくりストーリー

04 エスビー食品 株式会社

創業理念「美味求真」のもと とことん品質にこだわる製品づくり

国会議事堂を模した板橋工場の建物。手前のキッチンカーで実演調理をして回り、カレーや香辛料の普及と啓蒙を図った。

右｜日本初の家庭用カレー粉。商標の「S&B」は社名の由来となった。
左下｜現在の「赤缶カレー粉」。30種類以上のスパイスを日本人の好みに合わせて調合しており、業務用・家庭用ともに圧倒的シェアを誇る。
右下｜1950年発売当時の「赤缶カレー粉」。オリジナルの味を守りつつ研究と改良を重ね、日本のカレーのスタンダードとなった。

キッチンに欠かせない定番商品

エスビー食品（旧屋号：日賀志屋）は、カレー、香辛料、各種調味料などを主力商品とする香辛料市場トップシェアの食品メーカーとして、どの家庭の食卓にもなじみ深い数々のヒット商品を生み出している。創業者、山崎峯次郎氏は大正時代末期に洋食屋で食べたカレーに感動し、自らの手で国産のカレー粉を作り出そうと手探りでスパイスの調合に明け暮れた。1923（大正12）年に日本初の国産カレー粉が完成し、浅草七軒町（現：台東区元浅草）で日賀志屋を創業して業務用カレー粉の販売を開始。「S&B」ブランドの礎となった。

板橋に構えた東京工場では、70年近く愛され続ける代表的な商品「赤缶カレー粉」、固形のカレールウや「テーブルコショー」など、家庭で親しまれる数多くの商品が生産された。東京工場を埼玉県に移した跡地は現在「板橋スパイスセンター」となり、同社の歴史やスパイスに関わる資料を収めた「スパイス展示館」も開設されている（一般非公開）。

香りとおいしさを"たね"から作る

同社の商品は香りが決め手。繊細なスパイスやハーブが主原料になるため、栽培研究や香りの分析など様々な研究活動を行なっている。

チューブ入りわさびの原料となる本ワサビは、自社試験農場で種を育てるのに2年、海外農園で種まきから収穫までが2年。店頭に並ぶまでに4年ほどかかるが、安全で良質な原料を調達するために築き上げた生産システムだ。「納得したものにしかS&Bのラベルは貼らない」ということだわりから、おいしさだけでなく、アレルギーなど健康に関する研究開発にも取り組んでいる。

「自分だけのカレー粉」でスパイスとハーブの奥深さを発見

夏休みには板橋区内で「スパイス&ハーブわくわくキッズチャレンジ」を開催している。ゲームなどを通じてスパイスやハーブに親しむイベントで、毎年多くの小学生が参加する。カレーが大好きな子どもたちは「オリジナルカレー粉作り体験」に大はりきり。自由研究としても人気だ。

現在の商品ラインアップ（一例）

1970年代初め、わさび粉やからし粉を練りタイプにして日本初のチューブ入り香辛料を発売した。その後1987年に「本生ブランド」発売。

現在のチューブ入り香辛料主力ブランド「本生」シリーズ。「本生 本わさび」の原料となるワサビは"本ワサビ100%"、「本生 生しょうが」はおろしたての生鮮ショウガを多く使用するなど、より生に近い素材本来の風味にこだわっている。

創業者の山崎峯次郎氏。スパイスを一から研究し、味覚と嗅覚を頼りに国産初となるカレー粉の開発に成功した。

会社概要

所在地	(本社)東京都中央区日本橋兜町18番6号 (板橋スパイスセンター)東京都板橋区宮本町38番8号
創業	1923年4月5日
設立	1940年4月5日
社員数	1,268名(2017年3月31日現在)
代表	代表取締役社長 小形博行／代表取締役 荻原敏明

板橋ものづくりストーリー

05 山芳製菓 株式会社

30年超えて愛される「わさビーフ」の生みの親

とろんとした目が愛嬌のある「わさビーフ」のキャラクター「わさっち」。同社ホームページでは「わさっち」を主人公にしたマンガも公開中。

「わさビーフ」のキャラクター「わさっち」が目印の山芳製菓本社。

"ツンピリ"風味誕生のきっかけはローストビーフ

1953(昭和28)年、現・代表取締役会長兼社長、山﨑光博氏の父親である山﨑芳永氏が板橋区常盤台に創業した山芳製菓。創業当時は鉱泉水と小麦粉、砂糖を混ぜて作る鉱泉せんべいを製造していたが、現在は同社の看板商品「わさビーフ」をはじめ、独自のユニークなラインアップで存在感を発揮するポテトチップスメーカーだ。

山芳製菓を代表するロングセラー商品「わさビーフ」とは、ツンと鼻にくるわさびの風味が特徴的なポテトチップス。現・会長の山﨑氏がアメリカのレストランでホースラディッシュ(西洋わさび)を添えたローストビーフを食べた時にその味覚のコントラストに魅了され、再現すべく開発さ

れた。1987(昭和62)年には初代「わさビーフ」が誕生。以降、「クセになる」と表現される"ツンピリ"風味を特徴としながら、時代に合わせて少しずつ味を変化させ、30年にわたるロングセラー商品へと成長を遂げた。

独自性を武器にポテトチップス市場で存在感発揮

今やブランドとして確立し、「わさビーフ」の味をベースに「梅味」や「ジャーキー味」といった横軸

1987年に発売された初代「わさビーフ」。当時から、売りは"ツンピリ"風味。

看板商品「わさビーフ」の製造工程。原料となるジャガイモは人の手で大きさを揃えたり、悪い部分を取り除いたりされる。

スライサーで厚さ1ミリにカットされたジャガイモを高温で揚げる。

フライされたジャガイモは再び人の目で丁寧に選別され、その後、味付け、包装され完成。

でも展開している。何より「わさビーフ」のヒットは、味や品質、安全性は前提のもと、それ以上に「楽しい」を重視する同社の製菓会社としての姿勢を決定づけた。

さらに、同社では、万人受けする商品は他社に任せて、大手メーカーの企画会議では通り得ないようなエッジの効いたアイデアを戦略的に商品化していった。結果、テレビ番組でも紹介され話題を呼んだキャビア味のポテトチップスなど独自性につながり、そのオリジナリティを武器に価格競争の激化が進むポテトチップス業界で存在感を増していく。

創業者が居を構えていた板橋を拠点、活性化に取り組む

「わさビーフ」のキャラクターである「わさっち」が社屋の屋上に鎮座する山芳製菓の本社は、板橋区内でもひと際目を引く存在だ。創業者が同区に居を構えていたことが縁で板橋に本社を置く同社は、2016(平成28)年には板橋オリめしプロジェクト、2017(平成29)年には板橋ウォーキング大会に協賛、食を超えて様々なイベントをサポートし、板橋の活性化に積極的に取り組んでいる。

現在、代表取締役会長兼社長である山崎光博氏。
創業者は父・山崎芳永氏。

会社概要
所在地｜東京都板橋区常盤台1丁目52番地3号
創業｜1953年9月1日
社員数｜200名(パートを含む／2018年3月1日現在)
代表｜代表取締役会長兼社長 山崎光博

左｜12代目となる現在の「わさビーフ」。2017年にリニューアルされた。
中｜他社とのコラボレーションにも積極的な同社が2018年1月に発売した最新コラボ商品が「ポテトチップス甘酒味」。甘酒市場の最大手の1つ、森永製菓との共同開発だ。
右｜成人の日に合わせ発売した「R-20 STRONG わさビーフ」。わさびの刺激を強調した大人向けの「わさビーフ」だ。

板橋ものづくりストーリー

06 | DIC 株式会社
ディーアイシー

日本の「色」のプロフェッショナル集団

現在の東京工場。総合化学メーカーとなった同社の研究開発の中核となる「グラフィックアーツ研究所」も併設。

日本の色のスタンダード

DIC（旧社名：大日本インキ化学工業）は、印刷インキや有機顔料で世界トップシェアの総合化学メーカー。世界60を超える国と地域に170社以上のグループ会社を展開するグローバル企業だ。1908（明治41）年に川村インキ製造所として本所区（現：墨田区）で創業。板橋区坂下にある東京工場は、1937（昭和12）年に操業を開始、2017（平成29）年に同工場は操業80周年を迎えた。印刷インキの原材料である有機顔料と合成樹脂の技術をベースに事業を拡大し、現在は自動車、家電、食品、住宅などの様々な分野に幅広い製品やサービスを提供している。

特に、同社が販売する「DICカラーガイド色見本帳」は、印刷・デザイン業界をはじめ、ファッション、インテリア、プロダクトなど様々な分野での色指定に用いられ、日本の色見本帳のスタンダードにもなっている。

世界展開する製品の研究拠点

東京工場は同社で最も歴史の長い事業拠点であるとともに、本社を東京都中央区日本橋に移転した現在も登記上の本店のままだ。操業以来、同社の「本流」である印刷インキの技術・製造拠点であり、特に工場内に構える「グラフィックアーツ研究所」は、食品の包装に利用されるパッケージ用環境配慮型インキなど同社がグローバル展開する製品の研究開発の中核拠点として、様々な製品の開発を行っている。

左｜世界シェア20％を誇り、同社事業の大きな柱となっている有機顔料。
右｜同社の中核となる印刷インキの製造工程。東京工場では、紫外線硬化型インキの製造のほか、特注品にも対応している。

日本の色指定のスタンダード「DICカラーガイド色見本帳」。基本の652色のほかに「PART2」「日本の伝統色」「フランスの伝統色」などもある。

小学校の理科教育にも貢献

板橋区との関わりも深く、毎年夏には地域交流の盆踊り大会を実施しているほか、2011(平成23)年より区内の小学校に出向き、「理科実験授業」を行っており、その活動は「教育応援グランプリ」を受賞するなど高く評価されている。2015(平成27)年からは、区立高島平図書館で同社が展開するサステナビリティ活動の紹介をはじめとした企業ブース展示も行なわれている。

大豆油などの植物油100%で、石油系溶剤を使用していない印刷インキ「ナチュラリス100」。業界で初めて石油系溶剤の完全排除に成功した。

食品パッケージ用の印刷インキを始め、接着剤、フィルムなども幅広く手掛けている。

板橋区内の小学校に出向き「理科実験授業」を行っている。

創業者の川村喜十郎氏。東京市本所区で工場を操業。従業員は3人だった。

毎年夏に地域交流の盆踊り大会を実施している。

会社概要
所在地 | (本社)東京都中央区日本橋3丁目7番20号ディーアイシービル (本店)東京都板橋区坂下3丁目35番58号(DIC東京工場)
創業 | 1908年2月15日
設立 | 1937年3月15日
社員数 | 連結 20,628名/単体 3,503名(2017年12月31日現在)
代表 | 代表取締役 社長執行役員 猪野 薫

板橋ものづくりストーリー

07 凸版印刷 株式会社

グローバル展開する印刷業界の巨人

1938年に板橋区志村に竣工した板橋工場。大きさもさることながら、洋風庭園や運動設備を備えた近代的な工場だった。

歴史と技術力の板橋工場

凸版印刷は、1900（明治33）年創業の世界最大規模の印刷会社。現在は商業印刷をメインに、パッケージ製品やエレクトロニクス製品の製造が3つの大きな柱となっている。海外にも80カ所以上の拠点を持つ。関東大震災で創業地、下谷区（現：台東区）の工場が被災したため、板橋区志村に新工場を建設。1938（昭和13）年に竣工した板橋工場は総面積約6万6000m²と広大で、当時は「東洋一の印刷工場」と呼ばれた。印刷技術の高さには定評があり、戦後、進駐軍（米軍）から雑誌

第二次世界大戦中の1942年（昭和17年）に、参謀本部の外郭団体からの依頼で印刷された海外向け宣伝誌『FRONT』（フロント）。終戦までに10冊製作された。

の印刷を依頼されたこともあったほど。さらに、大蔵省が主催した日本銀行券新図案のコンテストではすべての銀行券で同社の案が採用されるなど、印刷の技術だけでなくデザイン力でも傑出していた。

世界最高レベルの製版技術

板橋工場では現在、印刷・製版を行っているが、特に「製版」については主要拠点としている。製版は印刷における「製版→印刷→加工」という工程の最初のパートで、写真や文字をレイアウトし、印刷するための元データを作成する作業。顧客との原稿や校正紙の受け渡しがあるため、顧客の多い都心に近い板橋工場で製版作業を行い、実際の印刷は板橋の他に、埼玉県にある川口、坂戸、朝霞などの工場で行われている。

製版の分野ではデジタル化が進み、かつては製版フィルムを使って刷版をつくっていたが、データから直接刷版をつくり印刷するのが主流だ。そのデジタル製版技術を応用した同社の「プリマグラフィ」は、絵画などの色を印刷物に忠実に再現する技術で、インクジェットプリンターを用いてこれまでの印刷ではできなかった高精細な写真品質の印刷を可能とするもの。東京国立博物館所蔵の重要文化財「洛中洛外図屏風(舟木本)」の復元などに活用されている。最も技術力が問われるのは、原稿の写真と印刷物の色を合わせる「カラーマネージメント」。スキャナーや印刷機などの特性に合わせる微調整が必要だ。

小学生と行う「印刷の学校」

地域貢献活動として、若手社員による「印刷の学校」プロジェクトが毎年行われている。板橋工場最寄りの志村第二小学校の5年生の総合学習の時間に、地元の志村銀座商店街を取材し、編集、レイアウトなどを学びながらパンフレットを作るもの。商店街の活性化にも役立っている。

世界トップシェアを誇る透明蒸着バリアフィルム「GL BARRIER」。食品の酸化劣化などを防ぐフィルムで、これを利用することで、食品の長期保存やビン・缶から軟包装への置き換えが可能になる。

液晶や半導体などの製品も凸版印刷の大きな事業となっている。印刷・コーティング技術が活用されている。

志村第二小学校の5年生が制作した『しむぎんガイドブック』。地元商店街の魅力を紹介した32ページのパンフレット。

創業者の木村延吉氏(左)と降矢銀次郎氏(右)。大蔵省印刷局(現国立印刷局)の技術者だった。

会社概要
所在地｜(本社)東京都千代田区神田和泉町1番地
　　　　　(板橋工場)東京都板橋区志村1丁目11番1号
創業｜1900年
社員数｜連結 50,705名(2017年3月末現在)
代表｜代表取締役社長 金子眞吾

板橋のイベント

text｜塚原智美

そのときに行く板橋

板橋には、期間限定、その時だけに出会えるものがある。
四季折々に見せる自然の美しさ。歴史を感じる伝統芸能。参加者も楽しめる多彩なイベント。
「わざわざ行く価値」のあるものばかり。
見たい景色を求めて、知りたいことを訪ねて、楽しい1日を過ごしに、足を運んでみよう。

板橋区民まつり

10月第3週の土・日に行われる板橋区4大イベントのひとつ（その他：いたばし花火大会、板橋農業まつり、板橋Cityマラソン）。1972（昭和47）年に始まり、当初は区民文化祭、区民体育大会、農業祭、産業祭など秋に行われていた一連の区内行事の総称「区民まつり」の前夜祭として行われていた。おまつりひろば、交流ひろばなど全9会場で開催され、区内飲食店・各県人会の模擬店は特に多くの人で賑わう。赤塚城戦国絵巻武者行列などの見どころも多く、子どもから大人まで楽しめるイベント。

会期 10月第3週
会場 板橋区立グリーンホール前道路及び周辺

8月第1土曜に行われる板橋の夏の風物詩。荒川対岸の戸田橋花火大会と同時開催され、合わせて約1万2000発もの花火が夜空を彩る。都内の花火大会では最大級となる大玉「尺五寸玉」が打ち上げられるのは、広い河川敷で打ち上げられる立地のおかげ。関東最大級の700メートルほど続く仕掛け花火「大ナイアガラの滝」も大きなみどころのひとつとなっている。全国から集まった花火師が競演するプログラムも圧巻。

いたばし花火大会

会期 8月上旬 **会場** 板橋区荒川河川敷

田遊び（徳丸北野神社・赤塚諏訪神社）

会期 2月11日（北野神社）、2月13日（諏訪神社）
会場 徳丸北野神社・赤塚諏訪神社

「田遊び」は、五穀豊穣と子孫繁栄を祈願し、稲作の作業内容を唱える言葉と所作を田の神に奉納する予祝の祭り。徳丸北野神社と赤塚諏訪神社の2ヶ所で行われる。千年を超える歴史を持ちながら、ほぼ完全な形で現在に伝承されている全国的にも珍しい例として1976（昭和51）年、国の重要無形民俗文化財に指定されている。

徳丸北野神社の「田遊び」は、毎年2月11日に欠かさず奉納されている。神社の拝殿前に、しめ縄を張り巡らした「もがり」と呼ばれる舞台を作り、それを田んぼに見立てて、太鼓やはやし歌に合わせて四方に向かって種をまく「種まき」など、唱え言葉や所作で稲作の一連の作業を踊って表現する。

赤塚諏訪神社の「田遊び」は、毎年2月13日に行われ、「天狗」などが先導して神輿を浅間神社まで渡御し、花籠を取り付けた槍の前で獅子が舞う「花籠」、天狗による地鎮の舞などが披露される。旧年中の災厄や不幸を焼き払い、新年の家内安全と子孫繁栄を祈る「お篝り」も行われる。

徳丸北野神社

板橋農業まつり

会期 11月中旬
会場 赤塚体育館通り周辺

　板橋区の赤塚体育館通り周辺を会場に、11月中旬の土日に行われる。約23ヘクタールの農地を持つ板橋区が、区民と農業者の交流の場として例年この時期に開催し、板橋の秋の風物詩となっている。
　野菜の収穫体験や、区内の農家が生産した野菜・果樹の販売のほか、初日にはオープニングパレードも行われ、約15種類、総重量1.5トンの野菜で作られた「野菜宝船」を地元の小学生や農家の人たちが引き、小学生が手作りの鎧兜を身にまとって再現した赤塚城戦国絵巻武者行列が続く。区民有志で結成された西洋流火術鉄砲隊保存会の演武、阿波踊りも披露される。2日目には音楽パレードや子ども・大人みこしも登場する。

赤塚梅まつり

会期 3月上旬
会場 赤塚溜池公園・赤塚城址

白梅・紅梅など約200本の梅の開花にあわせ、1985（昭和60）年に始まった春先の恒例行事。メイン会場となる赤塚溜池公園は、2003（平成15）年に区制70周年を記念して選定された「板橋十景」のひとつでもある。周辺には、赤塚城址や赤塚諏訪神社・赤塚不動の滝・松月院など観光スポットも多い。

なかいたへそ祭り

会期 7月中旬　**会場** 中板橋商店街

中板橋が板橋区のほぼ真ん中にあたることから、板橋の「へそ」として始まった板橋・夏の三大祭りのひとつ。おなかに好きな顔を描き傘を被って練り歩く姿がユーモラスなへそ踊りを中心に、子ども踊りや浴衣踊りなどが商店街を練り歩く。ライブや太鼓ショーなどのイベント企画も多彩で、近年は「へそ娘コンテスト」も行われている。

1983（昭和58）年6月24日の地下鉄有楽町線・成増駅（現・地下鉄成増駅）開通記念の行事として、地元成増の阿波おどり4連が商店街をにぎわせたのがきっかけで、翌年から「成増阿波おどり大会」として毎年8月上旬に開催されている。夏の三大祭りのひとつ。フィナーレに駅前に集まり輪踊りする姿は圧巻。

成増阿波おどり大会

会期 8月上旬　**会場** 東武東上線成増駅周辺の3会場

志村銀座まつり サンバ in シムラ

会期 8月下旬　**会場** 志村銀座商店街

地元小中学校やダンスチームが音楽や踊りを披露する祭典として毎年8月下旬に「しむらん通り」で開かれる志村銀座まつり。その最後を飾るのが夏の三大祭りのひとつ「サンバinシムラ」だ。浅草サンバカーニバルなどでも活躍する本格的なサンバチームも登場する。ここまで近い位置で迫力のサンバを見られるイベントも珍しい。

板橋エイサー「道じゅね〜」

会期 11月中旬　**会場** 遊座大山商店街、板橋四ツ又商店街

「道じゅね〜」は沖縄県の方言で、旧盆の送りの際に伝統芸能のエイサーを踊り地域の集落を練り歩く行列のこと。遊座大山商店街では板橋区役所側と大山駅側の両方向からスタートし、同商店街の中心地点で対峙した2団体が「ガーエー」で競演する。最後は「合同カチャーシー」で観客も一緒になって盛り上がる。

板橋Cityマラソン

会期 3月中旬　**会場** 板橋区荒川河川敷内特設会場

前身「東京・荒川市民マラソン」から続く、市民参加型マラソン大会。完走率97％超と全国でもトップクラスの完走率と参加者数を誇る。制限時間が長く、コースのアップダウンも少ないことからフルマラソン初挑戦者も多く、自己ベストも出やすいのが特徴。マラソン以外の種目もあり、メイン会場のイベントやブースも賑わう。

ハイライフいたばしフェスティバル

会期 11月下旬　**会場** ハイライフプラザいたばし

板橋区立ハイライフプラザで行われるイベント。「板橋のいっぴん」の試食・試飲、販売や、板橋発のさまざまな製品の展示・販売のブースが並ぶ。「板橋のいっぴん」は、区民が選んだ和洋菓子や惣菜、パンなど、手土産に出来る板橋自慢の商品のこと。イベントは、ポイントラリーや抽選会など多彩な企画で来場者を楽しませる。

いたばし産業見本市

会期 11月上旬
会場 板橋区立東板橋体育館

光学産業など多数の実力企業が集まる板橋区。1876（明治9）年、加賀にできた火薬製造工場を起点に一大工業地帯が形成され、戦後、精密・光学機器や印刷関連産業などが集まる都内有数の工業地域となった。見本市では「ものづくり板橋」を盛り上げるため、120以上のものづくり企業や団体が出展し、最新の製品や技術を展示する。

イタリア・ボローニャ国際絵本原画展

会期 7月上旬から8月中旬
会場 板橋区立美術館

世界でも最大級の規模を誇る絵本原画コンクールとして知られる、ボローニャ国際絵本原画展。イタリアの展覧会だが、板橋区立美術館では1981（昭和56）年からその巡回展として開催している。新人イラストレーターたちの登竜門としても知られ、日本人を含め、世界中から新しい才能が集まるコンクールでもあるため、毎年多彩な魅力の作品が揃う原画展となる。

ちゅうぞうさん ｜ いたばしTIMES
板橋のグルメを中心に情報発信するブログ「いたばしTIMES」の編集長。本業の合間に始めた食べ歩き情報が人気を集め、今では本業を凌ぐほどの勢いに。http://itabashi-times.com

塚原智美さん（進行役）｜ 板橋経済新聞
板橋の魅力を区の内外に発信する地域情報WEBサイト「板橋経済新聞」の運営者。高島平団地在住。https://itabashi.keizai.biz

Sさん ｜ 地域情報メディア記者
現在、毎日地域情報を配信しているメディアの記者を担当。板橋で週に10ヵ所以上の取材を行う。

タニタさん ｜ タニタ公式ツイッター
株式会社タニタ公式ツイッター担当。通称「中の人」。企業ツイッターらしからぬその発言のゆるさで注目されており、23万人のフォロワーを持つ。https://twitter.com/tanitaofficial

千種伸彰さん ｜ ハッピーロード大山TV
「ハッピーロード大山TV」プロデューサー。月1回の生放送で商店街や地域の情報を伝える。https://www.youtube.com/user/happyroadtv/featu

白田武志さん ｜ ハッピーロード大山TV
ハッピーロード大山商店街の事業部長。ハッピーロード大山TVの出演者でもある。http://haro.or.jp/

text｜塚原智美

【板橋メディア座談会】

みんなで考える「板橋らしさ」

板橋には、地元の情報を発信する地域メディアが多数存在する。
フリーペーパー、ブログ、動画配信などスタイルは様々。
今回はその中でも区内で話題になっているメディアの編集者・記者・担当者にお集まりいただき、
板橋の面白さ、オススメの場所、お気に入りのモノなど、板橋の注目ポイントを語っていただく。
トークを通じて、毎日ネタを探して発信している板橋メディア人だからこそ見えてくる、
板橋らしさとは何か？にせまってみよう。

ズバリ「板橋のいいところ」って?

塚原 | 早速、板橋自慢についてお聞かせいただけますか? 板橋のいいところ、面白いことを挙げて下さい。

全員 | ……。

塚原 | こういう時、みんな黙りがちですよね (笑)。

千種 | 板橋の話ってこうなりがちですね。でもメディアの僕らは、板橋の自慢をたくさん持っている。いや、むしろ自慢しか持っていないはず (笑)。

S | 取材で回っていてもいいところいっぱいありますよ。

臼田 | 場所で言うと、**板橋交通公園❶**とかいいですよね。自転車や三輪車、足漕ぎのゴーカートまであって。ちゃんと道路や横断歩道、信号機もあるから、自分もそこで交通ルールを学んだ記憶があります。

千種 | 子どもにとってはワクワクする場所ですよね。子育てにもいい。

ちゅうぞう | まさに子どもを連れて遊びに行ってます。すごく喜びますね。

臼田 | 春先は桜も綺麗だし。

千種 | 桜と言えば、**石神井川の桜❷**は外せない。目黒の桜にも負けてないと思う。

タニタ | 私の会社の敷地にも桜があって、地域の皆さんに開放しています。近隣の人が集まってお花見をしてますね。

S | タニタのイベントは、いつも盛り上がってますよね。

千種 | 昔はエスビー食品も開放してイベントをやってた。「板橋の国会議事堂」って言われるすごい建物があって。

❶ **板橋交通公園** | 大山にある、子どもの交通安全教育のために1968年に作られた公園。横断歩道、信号などの施設があり、自転車、ゴーカート、三輪車などが貸し出されている。板橋区には、他に蓮根駅にほど近い坂下の城北交通公園がある。

臼田｜商店街でもいろいろイベントやってますよ。ゲストも呼んで。

千種｜12月には板橋区立吹奏楽団の人がサンタの格好して演奏したりしてる。

ちゅうぞう｜区民の署名がきっかけで出来た吹奏楽団なんですよね。

タニタ｜区立のホールには音楽室が結構あるんですよ。防音で楽器も置いてあって、会社の軽音部で練習に使ったりしています。スタジオを借りるより安いですし。板橋って、文化系に強い地域な気がしますね。

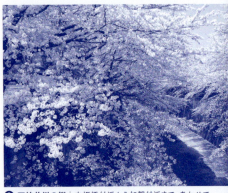

❷ 石神井川の桜｜中板橋付近から加賀付近まで、あわせて1000本を超える桜が咲き誇る、区内を代表する桜の名所。

塚原｜皆さん、結構昔から板橋に住んでいるんですか？

タニタ｜私は就職してから東京に出てきたんですが、初めて住んだのが下赤塚だったんです。初の一人暮らしで、ホームシックにもなったけど、なんとなく居心地はいい。23区に初めて住むなら板橋がちょうどいいなあって思いました。

塚原｜東京デビューに適した街なんですね。

タニタ｜地方出身者にも馴染みやすい雰囲気を感じます。

S｜商店街も多いし、暮らしやすいですよね。

都営三田線と東武東上線と、ちょっとJR

千種｜東上線沿線は特に商店街が多いですよね。

ちゅうぞう｜東上線の商店街とか、一致団結しているイメージがあります。「東上線バル[※01]」なんかは、どんどん参加する商店街が増えて拡大してるし、すごいなって。

塚原｜三田線は「蓮根はしご酒」(蓮根駅)や「高島平マルシェ」(高島平駅)のように、それぞれの駅単体でのイベントが目立ちますね。「三田線バル」が少し広い範囲になってきているかな。

臼田｜沿線ごとの雰囲気だけじゃなくて、駅によっても結構違いがありますよね。住んでいる人のキャラクターというか、駅ごとに違う空気がある。

タニタ｜そういえば、東武練馬駅は板橋区なのにどうして練馬なのでしょう？ずっと練馬区の駅だと思っていました。

01 東上線バル
区内の東上線沿いの商店街が共催した、飲み歩き・食べ歩きイベント。バルチケットを買ってガイドブック掲載の加盟店へ行くと、特別メニューが楽しめる。参加商店街が増え2018年には「板橋バル」として開催。

千種｜もともと赤塚村と練馬町だった地域で、そこから練馬の名前が入ったらしい。そもそも練馬区は、板橋区から分区してできた区だから。板橋の中の練馬地域だったのが、今も駅名として残ってるってことですね。

S｜地名合体した駅名は他にもありますね。浮間舟渡駅とか。こっちは実際に、北区浮間と板橋区舟渡にまたがって駅がある。

ちゅうぞう｜板橋駅なんて、北区と豊島区と、3区にまたがってますよね。西口が板橋区、東口が北区、ホームはほとんど豊島区という。

塚原｜板橋区内に駅住所がある唯一のJR駅なんですけどね。

S｜三田線と東上線の地域間での行き来って、結構難しいですよね。移動は**国際興業バス**がメインになるんですかね。

塚原｜板橋区で育って、バスと言えば国際興業バスだと思っていたので、大人になって都営バスの存在を知った時には実はちょっとびっくりしました（笑）。

ちゅうぞう｜三田線と東上線の間をつなぐ交通網に関しては、地域の課題としてよく耳にしますよね。

板橋の名物を考えよう！

塚原｜板橋の情報を発信していると、「板橋の名物とかおすすめって何？」って聞かれること多くありませんか？

臼田｜ありますね。いつも返答に困ります。

❸ **天祖神社**｜旧上板橋村に祀られているもっとも古い神社のひとつ。川越街道沿いの歴史ある地域の心の拠り所となっている。

ちゅうぞう｜「いたばし最中」といった「板橋のいっぴん[02]」もいろいろあるんですけどね。区を代表する名物をひとつ挙げるとなると難しいですよね。

臼田｜コン太村[03]も、記事なんかでよく取り上げられますね。レトロゲームで遊べる人気スポットとして。

千種｜観光というと、いたばし花火大会が大きいですかね。スポットで言ったら縁切榎もある。

S｜天祖神社❸もいつ出来たかわからないぐらい歴史があるうえに、新しいことにも積極的に取り組んでるのがすごいですよね。

塚原｜歴史的なことで言えば田遊び[04]といった伝統行事もあります。

ちゅうぞう｜板橋のことを検索すると、いろいろ情報が出てくるんですよ。調べてみたら有名人がいたりして。調べてみたらすごいのに、みんなは知らないっていうことが多い気がします。

塚原｜確かに、調べるとあるんですよね。「実は、日本でも有数の○○」みたいなのが。あの有名な商品の中身は、板橋で作ってたんだ！　とか。

千種｜世界的に認められた「メイドインジャパン」を作ってる企業がたくさんあるんですよ。いわゆる「下町ボブスレー」みたいな、町工場の力で世界に挑戦しているところもある。製造業の付加価値額っていうのがあるんですが、その出荷額は23区トップクラスなんです。

02 板橋のいっぴん
板橋区民から募集し、選定委員会が審査して現在64点認定された商品。区民に愛され親しまれた和洋菓子、お総菜、パン、お酒などが含まれる。

03 コン太村
板橋本町の駄菓子屋ゲーム博物館。昭和40〜50年代に駄菓子屋によくあったパネル式のレトロゲームを全国から集めてコレクション。修理された幻のゲームで懐かしの遊びが再現できる。

04 田遊び
五穀豊穣と子孫繁栄を祈願し、稲作の作業内容を唱える言葉と所作を、田の神に奉納する祭り。千年を超える歴史を持ち、国の重要無形民俗文化財に指定されている。

板橋のローカルキャラクター

塚原｜区の観光キャラクター「**りんりんちゃん❹**」ももっとたくさんの人に知ってほしいですね。

ちゅうぞう｜板橋駅前に像がありますよね。

S｜区の花の「**ニリンソウ❺**」がモチーフだけど、その**ニリンソウ**もあまり知られていないかも。

塚原｜一方で、商店街や地域にはアピール力のあるキャラクターが多いと思うんですよ。蓮根にはレンコンの恰好をした「**レンコンマン**」がいたりして。

千種｜地域のキャラクターと言えば、忘れてもらっちゃ困るのが「**いたばしプロレスリング❻**」のレスラー達ですよ。キャラクター濃いですよ。

臼田｜町会や商店街ごとに、それぞれ個性のあるレスラーが誕生してますからね。

ちゅうぞう｜プロレスって、流血のイメージを持つ人もいるかもしれないけど、いたばしプロレスは笑いもあったり、子どもから大人まで一緒に楽しめるのがいいですよね。

タニタ｜まだ観たことないんですよ。観戦してみたいですね。

千種｜タニタの公式レスラー作ったらどうでしょう。

塚原｜健康レスラータニタマン、みたいな。

臼田｜ハッピーロード大山にも、ハッピーロードマンというレスラーがいるんですよ。基本、レスラーはそれぞれの商店街に所属していて。

千種｜初の企業所属レスラーになれますよ。タニタマン！

❹ **りんりんちゃん**
いたばし観光キャラクター。板橋区の花「ニリンソウ」の妖精をモチーフにした。好物：板橋のいっぴん。特技：光合成と緑のカーテンづくり。

❺ **ニリンソウ（二輪草）**
キンポウゲ科の多年草。1本の茎から2輪ずつ花茎が伸び、3〜6月に白い花を咲かせる。板橋区の花に指定され、区内に自生地域がある。東京都区部で準絶滅危惧種。

タニタ｜社員で150kgのバーベル持てる人もいますしね……やりましょう！（笑）
S｜タニタ監修、公式レスラーの誕生ですね。
塚原｜体調管理も万全なイメージでいいじゃないですか。
タニタ｜体脂肪率を宣言して、試合前後に弊社の体組成計で計測もさせましょう。

❻ いたばしプロレスリング
いたばしプロレスリング株式会社によって主催されているローカルプロレス。区内のそれぞれの商店街に所属のレスラーがいて、商店街の振興に大きく寄与している。主に区内の公共ホールや体育館、公園、広場などで、年間十数回程度興行されている。

板橋は「オールスター」な街

ちゅうぞう｜区内の各地域にレスラーがどんどん増えて、どの地域にもいる状態になったら面白いですね。
臼田｜そうやって商店街や町会がどんどん連携していけたらいいなあ。
ちゅうぞう｜板橋は店舗や商店街同士のコラボも盛んですし、コラボが進んだら板橋名物もできそうな気がします。
千種｜コラボっていうのは、付加価値を生む掛け算ですからね。
S｜板橋って、いいと思ったらすぐにそれを受け入れてくれる雰囲気がありますね。
塚原｜変なこだわりがなくて、受け入れ態勢が万全なところはありますよね。「とにかくこれを推したい！」みたいな強さもない。だからむしろ「これ！」っていう名物は必要ないのかもしれませんね。
タニタ｜庶民的でほどよい、という感じはしますね。地方から来た人も受け止めてくれるというか。
塚原｜たまに行きたい場所じゃなくて、住みたい場所なんですよ。

千種｜そう。だからあんまり非日常を追っかけちゃいけない気がする。特別な空間を求めないで、**普通の感覚で楽しい、美味しい、それが板橋**なんじゃないかな。
塚原｜「THE日常」ですよね。それが板橋の魅力。
ちゅうぞう｜板橋って、スーパース

ターはいないけど、**オールスター**なんだと思うんです。例えば、豊島区なら池袋がスーパースターで、北区だったら赤羽がスーパースター。その点、板橋にはスーパースターはないけれど、大山、成増、高島平、……各地域に魅力があって、それぞれがみんなスターなんですよ。

タニタ | スターが集まったオールスターな街ですか。なるほど。

S | 確かに、各地域に魅力が分散してますよね。

臼田 | その分散しているものを見つけて情報発信するのが、我々地域メディアの役割なんでしょうかね。

千種 | メディア同士でもいろいろコラボして、板橋の魅力をどんどん発信したいですね。やりましょう！

会場となったのはここ
うどん処 ごえん | 仲宿48-18 田川マンション1F

コシのある本格的なうどんや創作料理をつまみに、各地の日本酒を楽しめる店。座談会では、自家製カレーうどん(770円)や、うどん麺を素揚げしためんあげ(410円)などをつまみに、高知「南」などの日本酒を味わいながら、話にもますます花が咲いていた。

板橋談義 | 01

荒俣宏、板橋を語る！

歴史と博物を語る **板橋区長**
荒俣宏 × 坂本健

板橋ゆかりの著名人が、板橋の魅力を語る「板橋談義」。
まずは、幼少期を大山で暮らした博物学者・荒俣宏氏に
板橋の歴史と当時の風景を語っていただく。
荒俣氏の目を通して発見された、板橋の魅力とは？

＊本談義は、2016年12月、板橋区の新たな観光振興ビジョン策定に向けて開催した有識者懇談会の内容を基にしています。

少年時代を過ごした大山は
田舎に近い工場街。

――本日は板橋区立郷土資料館の展示品を見ながら、板橋区の歴史と、荒俣さんの板橋の思い出をお聞きしたいと思います。荒俣さんは昭和23年生まれで、大山金井町の板橋第七小学校に通ってらしたんですよね。

荒俣｜ええ。うちの家業はもともと非鉄金属の卸売りだったのですが、近所には活版印刷工場がたくさんあって、あんまり面白いんで学校の行き帰りによく工場を眺めていましたね。そのほかにもレンズ屋とかブリキ屋とか、同級生も工場の下請けの家の子どもが多くて、みんな中学を卒業すると工場の働き手になっていました。

区長｜どんなことをして遊ばれたのですか？

荒俣｜あの頃はちょっと天体が流行っていて、小学校に「星のおじさん」が来て、天体の話をしてくれたんです。工場街で望遠鏡が手に入りやすいのもあって、夜は天体観測をしていましたね。昔はテレビがないから、夜になったら月と星を見るしかすることがない。星はすごくよく見えたんです。2階があれば天体観測にもってこいで、ちょっと坂を上がると富士山もよく見えましたから。

――それが荒俣さんの博物学の始まりですか？

荒俣｜そういうことですね。大山のあたりは工場街でしたが、蓮根町に農家の親戚がいて、蓮根とか徳丸あたり一帯は田んぼが広がっていました。

区長｜この郷土資料館にある旧田中家住宅❶は、徳丸にあった江戸後期の農家を移築したものです。このような民家で遊ばれたのですか？

荒俣｜こういった納屋が物珍しいので探検して、農具の使い方を教わっ

❶ 旧田中家住宅［所蔵：板橋区立郷土資料館］

たり、五右衛門風呂に入ったり。そうそう、この大きな漬物樽がどの農家にもありましたね。関東ローム層はたくわん用の長い大根がよく穫れたので、石神井川沿いには大根の漬物屋がたくさんありました。そういえば遠足で牧場に行って、牛の乳しぼりも体験しました。下町だったけれど、田舎に近かったんだよな。

納屋

　板橋区って都会だけれども、田舎のセンスも持ち合わせていると思っています。名古屋がやや近いんですよ。田舎的なセンスがある東京人って少ないから、貴重な存在だと思いますね。

区長 ｜ 宿場の時代から、板橋は江戸と地方のちょうど境界にあった街なので、その感覚は間違いないですね（笑）。

表向きの歴史より裏の庶民の暮らしに大変関心があるんです。

荒俣 ｜ ちょうど今目の前に、板橋区史がありますね。板橋区史は、なんと、櫻井徳太郎さんが編纂されていますね。

区長｜櫻井先生は、板橋区に住んでいらしたんです。

荒俣｜それでこんな立派なシリーズになっているんですね。櫻井徳太郎さんは当時の人気民俗学・歴史学者ですよ。ちょっと今読んでみます。へえ、板橋の宿に、ラクダが見世物として来たらしいですよ。ほかにもこんなに民話がある。こりゃ面白い。

区長｜なにかいい使い道はありますか。

荒俣｜昔話は非常に面白いですよ。板橋の伝説や民話を、小学生が語れるようになるといいですね。和歌山県の熊野古道が世界遺産になって10年目にそういった取り組みをしていました。観光客に「これは何ですか」って聞かれたときに、小学生でも答えられるようにしようという、知事のアイデアで始めたそうです。子どもたちも地元をよく理解できますしね。

区長｜それはいいですね。実は、櫻井先生の研究資料を板橋区公文書館で保存しています。

荒俣｜じゃあ原資料も残っている。そりゃすごい。それを掘り起こして、街の物語みたいなものがつくれると面白い。板橋って庚申塔もいっぱいあるし、民俗学をやるなら宝庫だと思いますよ。

区長｜そうかもしれません。櫻井先生の影響もあって、徳丸北野神社と赤塚諏訪神社で行われる神事、田遊び[p.232-233]も比較的早く文化財になりました。

荒俣｜この本、全部読みたいな。ここに遊郭の話が載っています。今、街

荒俣 宏
あらまた・ひろし
1947年東京都生まれ。博物学者、小説家、評論家。慶応大学法学部卒業後、日魯漁業（現在のマルハニチロ）に入社。その間、紀田順一郎氏らと、雑誌『幻想と怪奇』を発行。英米の幻想文学などを翻訳しつつ、評論も展開。独立後は翻訳、小説、博物学、神秘学などジャンルを越えた執筆活動を続ける。代表作に『帝都物語』、『世界大博物図鑑』などがある。幼少期には板橋第七小学校に通っており、2012年には板橋区にて「わが街板橋の今昔話」と題した講演を行った。

❷ 東京都養育院外観［所蔵：板橋区公文書館］

にはそんな痕跡は全くありませんが、板橋には遊女が200人以上いたらしい。最近の人たちは、表向きの歴史より裏の庶民の暮らしや、今まで表に出なかった話に大変関心があるんです。そこを掘り下げていくと面白いと思いますよ。

板橋区って、厚生施設の集積地なんです。

荒俣｜何といっても、板橋区が注目されたのは近代になって都心にあった厚生施設が移転してきたこと。第一弾は、明治7年の養育院❷の移転。渋沢栄一が運営していました。子どもの頃、巨大な銅像を見てこのおじさん、誰？って思っていましたが（笑）、すごい人なんです。養育院事業を死ぬまでやっていましたからね。私がほかの区より板橋区に住んでいたいと思ったのは、養育院、現在の東京都健康長寿医療センターがあること。板橋区って、厚生施設の集積地なんです。都立豊島病院もありますからね。実は私、豊島病院で命を救われたことがあります。4歳頃、疫痢にかかったのですが、当時貴重だった抗生物質を処方してもらって

助かった。後から知ったのですが、豊島病院は養育院と非常に関係があって、子どもたちや老人の救済事業も手がける専門病院だったんです。

──じゃあ、板橋区には最先端医療がそろっていた。

荒俣｜そう。もう少し経つと近所に日大（板橋）病院もできて。
区長｜最後に帝京（大学病院）もできました。実は板橋は東京の中では一番病床数が多いんですよ。

庶民的だけれども最先端。

荒俣｜例えば王子は板橋と同じく豊島地区に含まれますが、徳川家の遊び場だったという、ひとつの地域的な集積がある。でも板橋って、そこから外れたところを将軍がみんな板橋にしちゃえって、そんなふうにできたのではと思っています。だからか、農業地帯と工業地帯が入り組んでいる。練馬あたりの人たちに言わせると、板橋区役所あたりは工場街があるからやりにくいし、板橋の人からすると、農業が盛んな今の練馬地域は、よくわからん地域であると。はっきりとひと括りにはできない。
区長｜練馬区はもともと板橋区で、戦後分割しましたしね。
荒俣｜無理もないよね、工場と農地じゃ地域性が全然違うもの。けれど区内を石神井川が流れている。石神井川流域に沿って考えると、板橋区って違って見えるのではないでしょうか。

坂本 健［左］
さかもと・たけし
1959年東京都板橋区生まれ。日本大学大学院生産工学研究科博士前期課程建築工学専攻修了、日本大学大学院理工学研究科博士後期課程建築学専攻満了退学。株式会社日本設計に13年勤務後、特別養護老人ホームケアタウン成増設立代表者・理事長、みその幼稚園設置者等歴任。2005年7月東京都議会議員初当選。2007年4月板橋区長初当選、現在3期目。

区長｜そうかもしれません。板橋区って不思議と、都心に向かっていくような方向性が強いんです。道も川も都心に向かって流れていますし、昔は都心のほうに嫁いで行く人が多かったんですよ（笑）。

荒俣｜そういえばうちのおじさんたちも、田舎のほうからお嫁さんをもらっていたなあ。一方で、都心からやって来る人たちもいる。うちのじいさんたちは、浅草の住民でしたが板橋へやって来た。そんな人たちがいっぱいいたから、町内会が盛んで、自治的な組織があったんですね。名主さまがいるような農民文化じゃなくて町民文化。例えば、板橋ってズーズー弁のような印象があるけれど、実は下町言葉を使っていて、近所の人たちは子どもを「ナントカ坊」と呼んでいました。ヒロシだったらヒロ坊と言うように。

区長｜それは神田や浅草の文化ですね。町民文化が飛び火している。

──板橋はそういう町民文化もありつつ農村もあって。それがはっきり分かれている訳ではなく、グラデーションになっているんですね。

荒俣｜だから大きな施設はできない。あっても庶民のための病院と軍需工場くらい。そしてにぎわっていたのは下請け工場ですよね。それってたくさんの人が出入りしていた宿場町だった影響もあるかもしれません。そういう街だから、企業との親密度が高くて、「エスビー通り」とかすぐ名前がついちゃう（笑）。

──これ、昔のエスビー食品の社屋の写真 [p.220]なんですが。

荒俣｜面白い。国会議事堂にかなり近いですね（笑）。エスビー通りってよく行ったけれど、建物は初めて見たなあ。

──この社屋、おなじみの「赤缶カレー粉」に今も印刷されています。

荒俣｜缶に描かれているのは国会議事堂じゃなくて社屋のほうだったのか（笑）！でも、すごいね。当時はあやかることができた時代でした。

区長｜気概を感じますよね（笑）。ほかにもたくさん企業が残っているんです。タニタとかトプコンとか。

荒俣｜うちの近くにも酢昆布なんかをつくっている、大きな工場がありまし

た。なんて名前だったかな……。

区長｜味の菊一。菊池食品じゃないですか。

荒俣｜そうです、菊池食品！そばを通ると、すっぱいにおいがして、おなかがぎゅーっと鳴ったのを、今でも覚えています。

区長｜ここでつくった「のしするめ」は日本橋の三越で売っていたそうです。

荒俣｜三越に卸していたなんて、ブランドじゃないですか。すごいなあ。ほかにも近所に活版屋が多かったのは、凸版印刷[p.226]があったからでしょうね。基幹産業がありながら、民衆とのつながりも強いという、不思議な地域ですよね。軍需工場だと、高い塀をつくってなるべく中をのぞかせないようにするんでしょうけど、板橋の工場って中へ入ろうと思えば気軽に見られました。

──庶民的だけれど最先端。

荒俣｜そう、そこがすごい。うまくやれば、もっとすごい区になっていたかも。でも誇らしくなっちゃうな。また将来板橋区に戻って来ようかな（笑）。面白い話が結構たくさん眠っていますね。こういった話をまとめて、展覧会をすると面白いんじゃないですか。

区長｜ぜひやりたいですね。今日のお話だけでも、かなりわくわくしています。嬉しい限りです。今日は本当にありがとうございました。

板橋談義 | 02

板橋の観光を考える
デザイナーから見た板橋の魅力とは

列車や駅をデザインする **水戸岡鋭治** × 板橋区長 **坂本健** × 絵本をデザインする **駒形克己**

板橋談義2には、板橋区にゆかりのあるデザイナーふたり、「区制施行80周年」オフィシャルロゴをデザインした水戸岡鋭治氏と、「板橋区基本構想」の冊子デザインを手がけた駒形克己氏が登場。板橋の魅力と、その発信について語っていただいた。

*本談義は、2016年12月、板橋区の新たな観光振興ビジョン策定に向けて開催した有識者懇談会の内容を基にしています。

──本日はプロダクトデザイナーの水戸岡鋭治さんと、グラフィックデザイナーの駒形克己さんに、板橋区の観光についてご意見をいただきたいと思います。板橋区で観光といってもピンと来ないかもしれませんが、まずは、率直な板橋区の印象をお聞かせください。

駒形 | 私の父親が生存中に住んでいたのが板橋区で、板橋はとても地域に密着していて、普段着のまま歩くことができる街という印象です。そこがとても素敵だなと思っていました。

水戸岡 | 私は岡山出身で、いまは板橋に住んでいます。私も駒形さんと同じような印象で、東京だけれどローカルと言いましょうか、大通りから一歩奥に入ると地方都市のような印象ですね。そんな懐かしいローカルタウンが東京という大都会のそばにあり、東京で味わえるなんて、とても価値があると思っています。

区長 | 区役所の近くにある仲宿は、日本橋から1つ目の中山道の宿場でした。地方から江戸に入る際は、仲宿で休息して「いよいよ江戸に入るんだ」と、身支度をしました。昔から地方と都市に切り替わる街で、そういった気風は今でも続いているんでしょうね。いい意味で都会と地方がブレンドしているんですよ。

駒形氏によるデザインの絵本「Little tree」(上)と「板橋区基本構想」の概要を示したカード(下)。

──水戸岡さんはJR九州のクルーズトレイン「ななつ星in 九州」のデザインをされたりと、地域ブランディングも手がけてらっしゃいますよね。これからの板橋区の観光を考えるにあたって、まずどこから始めたらよいと思いますか？

水戸岡 | 地方の商店街は後継者不足で元気がありませんが、板橋の商店街はなかなか元気ですよね。そういった街ですから、たくさ

駒形克己
こまがた・かつみ
グラフィックデザイナー。1953年静岡県生まれ。ニューヨークCBS本社などでグラフィックデザイナーとして活躍後、1983年帰国。自身の子どもの誕生をきっかけに絵本を制作。以後多数の絵本を出版。展示会やワークショップの開催が、フランス、イタリアなどヨーロッパ各地を現在もなお巡回中。2000年・2010・2016年ボローニャRAGAZZI賞優秀賞受賞。2009年には板橋区立美術館のシンボルのデザインを手がける。

外から何かを持ってくるよりも、その地域の中で根づいているものの力を信じるべきですね。

――― 駒形克己 氏

んの人が一時的にお金を落としていくという方法ではなく、本当の意味での観光、光を観に来る街をめざすべきだと思います。板橋の「光」とは、日本人の普通の生活がある街、どちらかと言えば昭和の街の進化版のような街ですね。そのためには、まずここで暮らす人の意識が気になります。商売を続けていきたいとか、この街に住んでいたいとか、いずれは板橋に帰りたいと思っているかどうか。「行って良し、働いて良し、住んで良し」というセリフを聞いたことがありますが、確かにそのすべてを持てる街にすべきですね。

駒形 ｜ そうですね。外から何かを持ってきて人を集めるよりも、その地域の中で根づいているものの中から生まれ育ってくる力を信じるべきですね。例えば、板橋区立美術館がもう30年以上手がけているイタリア・ボローニャ国際絵本原画展は、毎回1万人近い来場者が訪れる、非常に注目されている展覧会です。自分たちが見落としがちな板橋の良さというのは、意外とあるのではないでしょうか。

区長｜絵本原画という分野がアートの世界に昇華したのは、恐らくこの絵本原画展の影響が大きいですよね。さらに、若い作家の作品の発表の場を提供してきた。このように可能性を秘めた方たちと一緒につくり上げていくような姿勢は、板橋区の魅力のひとつだと思います。

　それから水戸岡さんが仰るように、暮らす人の意識が大切ですよね。とくに板橋区で生まれ育った子どもたちは、ほかの土地で暮らすようになっても、板橋区のことを覚えていて、やがては帰ってきてほしい。実は2016年に初めて策定した、区での教育の根本的な方針「板橋区教育大綱」はまさしくそこに触れており、子どもたちが板橋区に愛着と「ふるさと」意識を持つということなんです。例え板橋区を離れても、ずっと忘れない、最終的には板橋区にずっと住んでいたいと思える教育をめざしています。

——まず暮らす人が街に満足することが、観光にもつながるということでしょうか。

水戸岡｜ええ。そして教育に力を入れているのは、とてもいいですね。街を

みんなが自分の考えを正直に話せるようになれば、街は放っておいても勝手に成長していきますから。——水戸岡鋭治 氏

水戸岡鋭治
みとおか・えいじ
プロダクトデザイナー。1947年岡山県生まれ、板橋区在住。ドーンデザイン研究所代表取締役・九州旅客鉄道デザイン顧問。1972年にドーンデザイン研究所を設立、80年代から車両デザインを手がけ始め、「つばめ」「ソニック」「ななつ星in九州」など、豪華で斬新なデザインが特徴。2015年には板橋区庁舎改築の際に情報発信拠点「ギャラリーモール」のデザインを行った。毎日デザイン賞・菊池寛賞等受賞。

水戸岡氏による豪華寝台列車の「ななつ星in九州」と板橋区制施行80周年を記念して制作されたロゴ。

育てるには、教育の中でもとくにコミュニケーション能力を育てることが大切です。みんなが自分の考えを正直に話せるようになれば、街は放っておいても勝手に成長していきますから。コミュニケーションというのは、自分と同じだと認めるのではなく、いかに自分と違うかを確認するためにするものです。違うことが当たり前。日本は理解と賛同を同じものだと考えている節がありますね。街は個人それぞれの家や土地で成り立っていますから、一緒に街をつくっていこうという意識にはなかなかならない。しかし、それぞれの違いや様々な意見を拾い上げて、平均点を少しでも上げることをめざせば、10年後、20年後には街が非常に進化して、気がついたときには素晴らしい街になっているのではないでしょうか。

──コミュニケーションが、まちづくり、さらにこれからの観光を考えるにあたってのヒントになると。

駒形｜私もコミュニケーションの重要性は日々感じています。私は板橋区

基本構想の計画書のデザインを担当したのですが、各種計画書のデザインがバラバラなので、統一感を持って力強く発信していきたいという話し合いが始まりでした。水戸岡さんがデザインした板橋区のロゴは、とても素晴らしいけれど、なかなかそれが活かされていなかった。このロゴって言わば板橋区のシンボルなんですが、これをどう活かすか、職員の方々を巻き込みながらワークショップを行いました。例えるなら板橋区って、どんな色？どんなかたち？というように。さらに、老人になった気持ちで、これまでの板橋区の発行物を見たらどんなふうに見えるかというシミュレーションも行いました。つまりそれは想像力です。対話を成立させるには、想像力が求められるんですね。つくられたものを押しつけるのではなく、コミュニケーションをしながらプロセスを共有することによって、さらにモノに愛着が湧き、大事にされるのではないかと思っています。

水戸岡 ｜ 今日の座談会も、すること自体に価値があって、何度も繰り返しているうちに意識が変わっていくでしょう。そして私たちは区役所の考えや思いを「見える化」する役割。デザインされた色や形や素材を見て、初めてみなさんが理解する。とても大事な仕事と思っています。

区長 ｜ 今までお二方との仕事を通して、いろいろとお話は聞いていましたが、今日は全部凝縮したかたちでお話が聞けて、非常に充実した時間を過ごすことができました。すぐに政策に展開できるものも、一方で熟成させなくてはいけないこともありますから、またこれから10年間の構想を実現するために、お力添えいただければと思います。本当に今日はありがとうございました。

参考文献／地図・写真クレジット

参考文献

1章 板橋の二千年を想像しよう　板橋まち物語
『いたばしの古道　文化財シリーズ第45集』板橋区教育委員会、1983年
『板橋氏と板橋城』浅沼政直、ふるさと書房、1991年
『図説板橋区史』板橋区、1992年
『赤塚城跡遺跡　文化財シリーズ第69集』板橋区教育委員会、1992年
「武蔵国豊島郡における古代駅路の歴史地理学的研究考察」中村太一、『北区史研究　1号』北区教育委員会、1992年
『西原遺跡』西原遺跡調査会、1993年
『高島平北遺跡』都立学校遺跡調査会、1993年
『写真は語る 総集編 文化財シリーズ第77集』、板橋区教育委員会、1994年
『板橋区史　資料編2　古代・中世』板橋区、1994年
『板橋区史　資料編1　考古』板橋区、1995年
『いたばしの地名　文化財シリーズ第81集』板橋区教育委員会、1995年
『板橋区史　資料編3　近世』板橋区、1996年
『特別展　豊島氏とその時代-中世の板橋と豊島郡-』板橋郷土資料館、1997年
『板橋区史　通史編上巻』板橋区、1998年
『板橋区史　通史編下巻』板橋区、1998年
『西台後藤田遺跡』都内第二遺跡調査会・西台遺跡調査団、1999年
『特別展　四葉地区遺跡－発掘調査の成果とその軌跡－』板橋区郷土資料館、2001年
『幕末歴史散歩　東京篇』一坂太郎、中央公論社、2004年
『練馬・板橋の100年』郷土出版社、2004年
『板橋区都市景観マスタープラン(都市景観基本計画)』板橋区都市整備部都市計画課、2008年
『東京古道散歩』荻窪 圭、中経出版、2010年
『企画展　赤塚』板橋区郷土資料館、2011年
『企画展　志村』板橋区立郷土資料館、2011年
『北区飛鳥山博物館常設展示案内』北区教育委員会、2011年
『特別展　板橋と馬』板橋区郷土資料館、2014年
『大軍都東京を歩く』黒田 涼、朝日新聞出版、2014年
『陸軍板橋火薬製造所跡調査報告書　文化財シリーズ第97集』板橋区教育委員会、2017年
『板橋宿の歴史と史料－宿場の町並と文化財－　文化財シリーズ第98集』板橋区教育委員会、2017年
『みる・よむ・あるく東京の歴史1　通史編1先史時代～戦国時代』吉川弘文館、2017年
『みる・よむ・あるく東京の歴史2　通史編2江戸時代』吉川弘文館、2017年
『みる・よむ・あるく東京の歴史3　通史編3明治時代～現代』吉川弘文館、2017年
「東京都遺跡地図情報インターネット提供サービス」東京都教育委員会
「猫のあしあと－東京都・首都圏の寺社情報サイト－」プラニクス株式会社

2章 地図を持って歩こう　発見！板橋暗渠
『板橋のあゆみ』滝口 宏(編集)、東京都板橋区、1969年
『いたばし風土記』板橋区教育委員会、1975年
『いたばしの昔ばなし』板橋区教育委員会、1978年
『いたばしの河川　その変遷と人々びとのくらし』板橋区教育委員会、1986年
『写真は語る－総集編－』板橋区教育委員会、1994年
『いたばしの地名』板橋区教育委員会、1995年
『郷土　板橋の橋』いたばしまち博友の会、1998年
『板橋区環境読本』東京都板橋区、2007年
『川の地図辞典 江戸・東京/23区編』菅原健二、之潮、2012年
『団地新聞・高島平』
「水徒然」http://yatolove.exblog.jp

地図・写真クレジット

[地図]

杉浦貴美子[p.4-5, 49-50, 52, 54, 56, 58, 63, 66, 68, 70, 74] ※以上の陰影段彩図は、国土地理院作成の「基盤地図情報」数値標高モデル5mメッシュ」を「カシミール3D http://www.kashmir3d.com/」により加工し作成しています。/橋本敏行(制作)、フリックスタジオ＋ラボラトリーズ(デザイン)[p.14-15, 18-19, 26-27, 32-33, 38-39]/フリックスタジオ＋ラボラトリーズ[p.73, 97, 99, 103, 108-109, 110-111, 113, 115, 121, 129, 132, 138-139, 160, 164-165, 228]/小林政恵[p.78-79, 80, 82, 84, 86, 88, 90]

[写真] 下記および各頁に特記なき写真は板橋区所有

目次
撮影｜皆川典久[p.2下右]、大山 顕[p.3上右]、ロザリー[p.3上左]
提供｜北区飛鳥山博物館[p.2上]、リコーイメージング[p.3下右]

イントロダクション板橋
p.9上4点｜板橋区公文書館[提供]・板橋区郷土資料館[上から2点目のみ/所蔵]、下3点｜時計回りに、皆川典久、小松正樹、小林政恵[いずれも撮影]
p.10上5点｜フリックスタジオ[ベーグルを除く/撮影]、ヒグベーグル＆カフェ[ベーグル/提供]、下4点｜左から、山芳製菓[提供]、エスビー食品[提供]、大山 顕[撮影]、菅原康太[撮影]

1章 板橋の二千年を想像しよう
撮影｜橋本敏行[p.35中]/フリックスタジオ[p.42下]
Image｜TNM Image Archives [p.12-13, 20-21, 30-31上]
提供｜板橋区立郷土資料館[p.16上, 36左上, 37]/板橋区公文書館[p.16下, 17, 22上, 24, 28, 29, 30下, 34上, 35上2点・右, 36右上・下, 40, 41, 42上]/北区飛鳥山博物館[p.20-21上]/板橋区[p.34下2点]

2章 地図を持って歩こう
撮影｜皆川典久[p.44-45, 46-48, 51, 53, 55, 57, 59]/小松正樹[p60-61, 67, 71❶・❸・❹, 75, 77❹]/吉村 生[p.65❼, 68, 69❺, 72, 73, 77❶・❷・❸左]/高山英男[p.71❹]/小林政恵[p.81, 83, 85, 87❷・❸, 89❻・❽, 91]/フリックスタジオ[p.92]
提供｜高島平新聞社[p.64, 69❸・❹]

3章 暮らしに触れてみよう
撮影｜フリックスタジオ[p.94-96, 98, 99, 100下, 101, 102, 103マップ内_上3点・下中央, 104-107, 108マップ内_左, 109-112, 113右上2点・マップ内_左2点・右下, 114, 115, 140中央乍・右下, 142右上3点, 143右下, 144右上2点, 154, 155, 156左2点, 157, 158, 159上161下, 162]/荒井禎雄[p.100上, 103マップ内_下左・下右, 108

マップ内_右, 113左上・マップ内_右上]/大山 顕[p.116-135]/丸田 歩[p.151]/高島平観光協会(仮)[p.140上・下右, 141, 142左上・下, 143上2点・左下2点, 144左下, 148, 149上6点]
提供｜板橋区公文書館[p.136-137, 145-147, 161上]/高島平マルシェ実行委員会[p.149下1点, 152-153]/UR都市機構[p.150]/坂東愛子[p.156右]、山口ひろこ[p.159下]

4章 板橋の味を知ろう
撮影｜フリックスタジオ[p.166上, 171❾外観, 173❺外観, 181❸, 182❹外観, 186❷2点, 187❸2点・❽, 188❼2点, 190❷2点, 191❸珈琲, 191❹2点・❺2点, 192❾2点, 193❽外観・❿2点, 202, 203, 207中(ドレッシング)]/いたばしTIMES[p.168❶外観, 169❶, 170⑦内観・料理右, 176❶内観, 178❸, 179❺, 182❽・❾, 192❹2点, 200]/刈部山本[p.168❶料理, 169❷・❸・❹・❺2点, 170❻2点・❼料理左, 171❽2点, 172, 173❹, 180, 181❷2点・❺, 182❼料理・❿, 184, 185, 193❽料理]/高橋法子[p.171❾料理2点, 186❷, 187❹, 188❶・❷, 189❹3点, 191❸外観・店内]/ロザリー[p.174-175, 176❶料理, 177]/荒井禎雄[p.173❺料理, 179❹, 183⓭]/松浦達也[p.194-195]/塚はなこ[p.196-198, 199❶・❷・❸]/菅原康太[p.204-205, 206, 207上, 208]/麻生怜菜[p.209-210]
提供｜あんみつの片山[p.166下, 188❾]/トラットリア セレーノ[p.178❶]/カッチャトーレ[p.178❷]/ラ・クッタリーナ[p.179❻2点]/蒙古タンメン 中本[p.183⓫2点]/ヒグベーグル＆カフェ[p.187❻]/マテリアル[p.189❺3点]/クリオロ[p.189❻]/鳥新[p.199❹]/ひなた[p.201]

5章 板橋のものづくりに触れよう
提供｜凸版印刷[p.212左, 213左下, 226-227]/リコーイメージング[p.212右上, 213上, 218-219]/タニタ[p.212右下, 214-215]/トプコン[p.213中央, 216-217]/エスビー食品[p.213右下, 220-221]/山芳製菓[p.222-223]/DIC[p.224-225]

そのときに行く板橋
提供｜遊座大山商店街[p.238下1点]

板橋メディア座談会
撮影｜松浦達也[p.240, 244, 246下, 247]/フリックスタジオ[p.241, 258上]/荒井禎雄[p.243]
提供｜板橋経済新聞[p.242, 246上]

板橋談義
撮影｜吉田和生[p.248-249, 251, 253, 255, 256, 258-259]/フリックスタジオ[p.250下, 257下]
提供｜ワンストローク[p.257上]/ドーンデザイン研究所[p.260]

板橋マニア
板橋好きが案内する板橋まちガイド

2018年3月31日 初版第一刷発行／5月12日 第二刷発行／6月9日 第三刷発行

監修・著作
板橋区

企画制作・編集
高木伸哉・小園涼子・阿部優理恵・山道雄太・田畑実希子・平尾 望／株式会社フリックスタジオ

制作協力
東京都交通局［p.124-129］
高島平観光協会(仮)［p.136-153］
坂東愛子／マムスマイル［p.154-159］
荒井禎雄・刈部山本・高橋法子・塚はなこ・ロザリー［p.168-203］
飯塚りえ／有限会社ゴロゾーマシーン［p.190-193, 214-215］
鈴木陽子［p.216-221］
毛谷村真木［p.222-223］
豊岡昭彦［p.224-227］
塚原智美［p.229-239, 240-247］

水村由貴子／株式会社ミームミーム
永瀬賢三／株式会社ジロッカ
奥田奈々子
大島 滋
松井 章

制作コーディネート
浅尾浩一／株式会社ディオニュソス・アンド・コー

アートディレクション
加藤賢策／株式会社ラボラトリーズ

デザイン
岸田紘之／株式会社ラボラトリーズ

印刷・製本
藤原印刷株式会社

発行・販売
株式会社フリックスタジオ　〒107-0052 東京都港区赤坂6-6-28-6B
Tel: 03-6229-1503(販売部)／Fax: 03-6229-1502

Copyright © 2018, Itabashi City Office / flick studio Co., Ltd.
ISBN 978-4-904894-40-8

［無断転載の禁止］
本書掲載内容を著作権者の承諾なしに無断で転載(翻訳、複写、インターネットでの掲載を含む)することを禁じます。

All rights reserved.
No part of this book may be reproduced or utilized in any form or by any information storage
or retrieval system, without prior permission in writing from the copyright holders.

刊行物番号
29-180